MICHEL LEJEUNE

Notice biographique et bibliographique

CENTRE INTERNATIONAL DE DIALECTOLOGIE GÉNÉRALE

BIOBIBLIOGRAPHIES ET EXPOSÉS

N.S. 3

MICHEL LEJEUNE

Notice biographique et bibliographique

suivie de l'exposé:

"D'Alcoy à Espanca:
Réflexions sur les écritures paléo-hispaniques"

LEUVEN
CENTRE INTERNATIONAL DE DIALECTOLOGIE GÉNÉRALE
Blijde-Inkomststraat 21

1993

ISBN 2-87723-102-X
ISBN 90-6831-548-X
D. 1994/0602/3

AVANT-PROPOS

L'œuvre de Michel Lejeune reflète, dans sa richesse et diversité fascinante, un intérêt constant: celui d'un linguiste-philologue — combinaison fructueuse que pratiquaient aussi ses maîtres Antoine Meillet et Joseph Vendryes — exploitant, dans tous leurs aspects, les témoignages parfois très fragmentaires qu'offrent les langues indo-européennes et d'autres, non indo-européennes, parlées et écrites autour de la Méditerranée et en Europe occidentale. Les langues qui se détachent dans la production très vaste de Michel Lejeune sont le grec ancien (et tout particulièrement le mycénien), le phrygien, les langues italiques, le vénète, le celtique continental et l'étrusque. Pour chacune de ces langues ou familles de langues, Michel Lejeune s'est efforcé d'améliorer et de mettre à profit la lecture et la compréhension des textes, de fournir une description grammaticale détaillée et de déterminer la position dialectale à l'intérieur d'une famille de langues ou à l'intérieur d'une zone particulière, donnant ainsi un nouvel élan, ici à des études de grammaire comparée, là à des travaux de déchiffrement ou des commentaires philologiques.

Mettant à profit toutes les sciences auxiliaires de la linguistique, Michel Lejeune a pris un goût particulier pour les langues à documentation réduite et mal connues: cultivant sa «curiosité linguistique», il s'est consacré — après de solides travaux sur le grec ancien et ses dialectes —, surtout à partir des années 1950, aux langues celtiques, italiques et au vénète. Pour cette dernière langue, il nous a donné, en 1974, un manuel qui demeure l'ouvrage de référence fondamental.

En 1953, paraît le déchiffrement du linéaire B par Michael Ventris et John Chadwick. Michel Lejeune se rend immédiatement compte de la naissance d'une nouvelle discipline: la mycénologie. Son article dans la *Revue des Études anciennes* (1954) indique les perspectives ouvertes par l'étude du mycénien: dans le domaine de l'indo-européen, dans celui de l'histoire de l'écriture, dans celui de l'histoire de l'Antiquité. Et grâce à Michel Lejeune, et au colloque international qu'il organise en 1956, s'installe «l'esprit de Gif», qui assurera la continuité des études mycéniennes, auxquelles Michel Lejeune apportera des contributions marquantes, réunies dans ses *Mémoires de philologie mycénienne* (1958, 1971, 1973). Parallèlement à ces travaux, se met en place une recherche de longue haleine sur les langues italiques et le celtique continental: ses jalons les plus importants sont marqués par le volume de *Celtiberica* (1956), les «Documents gaulois et para-gaulois de Cisalpine»

(1971; étude publiée en volume sous le titre *Lepontica*), les études sur l'anthroponymie osque (1976) et sur celle d'Ateste (1979), l'important recueil d'inscriptions gallo-grecques (1985), l'étude sur le plomb du Larzac (1986) et la monographie sur Méfitis (1990).

À travers ces recherches, focalisées sur des traditions épigraphiques «nationales», se constitue une œuvre à visée plus large, consacrée à un vaste thème de l'histoire des civilisations: l'histoire des écritures. Phénomène interculturel, la transmission des écritures est un processus historique qui, dans le bassin méditerranéen, commence vers le 13e siècle avant notre ère. Dans son mouvement d'expansion, de l'est vers l'ouest, cette transmission se caractérise par des adaptations, matérielles et structurelles, par des différenciations, et par des influences unilatérales et aussi réciproques qui témoignent d'une réflexion linguistique précoce sur la mise par écrit du langage. Depuis de longues années, Michel Lejeune étudie la diffusion de l'alphabet et la transformation des systèmes d'écriture; la contribution qu'on lira ici est une importante synthèse sur les écritures de l'*Hispania antiqua*, territoire de confluence de traditions (ortho)graphiques et où apparaît de façon remarquable la dialectique permanente de l'innovation et de l'emprunt.

Y. Duhoux – P. Swiggers
Université catholique de Louvain-la-Neuve, F.N.R.S. belge

Michel Lejeune:
Notice biographique et bibliographique

MICHEL LEJEUNE : NOTICE BIOGRAPHIQUE

Michel Lejeune est né à Paris le 30 janvier 1907. Après ses études secondaires, il est admis (1926) comme élève de l'École Normale Supérieure; en même temps, il suit des cours à l'École Pratique des Hautes Études, où il aura comme maîtres Antoine Meillet et Joseph Vendryes. Leurs vastes connaissances, leur amitié et leurs encouragements laisseront une marque indélébile sur le jeune linguiste et philologue[1], qui lira avec soin et dévouement les épreuves des dernières éditions de l'*Introduction à l'étude comparative des langues indo-européennes* d'Antoine Meillet. Ami et collègue de linguistes comme Émile Benveniste, Alfred Ernout et Pierre Chantraine, Michel Lejeune s'engage d'abord dans la voie des études grecques, et plus particulièrement de la grammaire historique et de la dialectologie du grec ancien. Agrégé de grammaire depuis 1929, Michel Lejeune publie une série de travaux qui constituent des contributions méticuleuses à la grammaire historique du grec et à l'étude des anciens dialectes grecs: études sur -το-, -ατο-, et -τατο- (1929; n° 1), sur certains phénomènes propres aux dialectes cypriote et étolien (1932; n⁰ˢ 3, 4 et 5) et sur les traitements grecs de *-ns-* (1934; n° 7). Mais dans ses contributions à deux ouvrages généraux transparaît son intérêt proprement linguistique: en 1934, Michel Lejeune publie une importante synthèse sur «Le langage et l'écriture»[2], qui révèle sa remarquable compétence à approcher les écritures d'un point de vue linguistique et philologique, et en 1937 il rédige pour l'*Encyclopédie française* — entreprise à laquelle son maître Antoine Meillet avait pu encore collaborer — un aperçu sur les «Conditions générales des changements linguistiques» (n° 9), qui constitue un petit traité de linguistique diachronique.

---

* Les numéros indiquant les publications de Michel Lejeune renvoient à ceux de la «Notice bibliographique».

[1] Cf. M. Lejeune, *Les adverbes grecs en -θεν*, Bordeaux, 1939 (= n° 10), ouvrage dédié «à la mémoire de mon maître Antoine Meillet»: «Cet ouvrage est issu d'une suggestion de A. Meillet, dans le cours qu'il professa en 1930-1931, à l'École des Hautes-Études, sur les caractères généraux de la déclinaison grecque. Ceux qui ont connu A. Meillet, ceux qui ont reçu son enseignement, ceux dont il a inspiré, suivi, encouragé les travaux, savent seuls tout ce qu'on peut devoir à un tel maître. À son nom je tiens à associer, dans l'expression de ma reconnaissance, celui de M. J. Vendryes, dont les conférences à l'École Normale ont éveillé plus d'une vocation de linguiste. Jamais, depuis mes années d'École, je n'ai cessé d'éprouver les bienfaits de son affectueuse et vigilante bienveillance» («Avant-propos»).

[2] «Le langage et l'écriture», dans *L'évolution humaine, des origines à nos jours*, t. III, 1934, p. 291-340 (n° 8).

Entre temps Michel Lejeune est nommé maître de conférences de philologie et antiquités grecques et latines à l'Université de Poitiers (1933-1937); en 1937, il est appelé à la Faculté de Lettres de Bordeaux, où il sera maître de conférences, et à partir de 1941 professeur, pour la grammaire comparée. Il restera à Bordeaux jusqu'en 1946, après une année comme doyen de la Faculté.

La période bordelaise est marquée par la publication de l'ouvrage monumental sur *Les adverbes grecs en -θεν* (1939; n° 10), travail consacré aux formations en **-dh-* (suffixe secondaire joignant une désinence à un thème), dont il étudie la chronologie, le fonctionnement et l'étymologie. En 1940, Michel Lejeune est reçu docteur ès lettres; sa thèse complémentaire *Observations sur la langue des actes d'affranchissement delphiques* (Paris; n° 11) est publiée en 1940 dans la «Collection linguistique» de la Société de linguistique de Paris. Ce dernier travail constitue un vrai modèle de recherche: en tant qu'enquête sur un corpus de textes délimité dans le temps et dans l'espace, et défini quant au genre et au style, cette étude illustre les possibilités et les contraintes de chronologisation. Ces travaux sont entourés par une série d'études philologiques et linguistiques dans le domaine du grec ancien: études sur l'attique, le thessalien, le corinthien, l'étolien, le crétois, etc. (cf. n⁰ˢ 13 à 18, 24 à 26). Ces publications sont la toile de fond sur laquelle se met en place l'important *Traité de phonétique grecque* (Paris, 1947; n° 23 et n° 72 bis), qui, rajeuni par l'apport de données nouvelles, deviendra en 1972 *Phonétique historique du mycénien et du grec ancien* (Paris; n° 186), manuel de base qui n'a pas été remplacé jusqu'ici[3].

À partir des années 1945 une deuxième aire indo-européenne s'installe au centre des recherches de Michel Lejeune: le domaine italique. Sa première publication, un aperçu synthétique sur la position du latin dans le domaine indo-européen (1945; traduction et adaptation espagnole en 1949; n⁰ˢ 19 et 30), sera suivie par une très longue chaîne de publications[4] sur les langues italiques (au sens strict[5]: latin, falisque, osque, ombrien) et les langues avoisinantes: le vénète, l'étrusque[6], le

---

[3] Voir aussi M. Lejeune, *Précis d'accentuation grecque*, Paris, 1945 (n° 21).

[4] Voir la série de «Notes de linguistique italique» (I à XLI; 1945-1993; n⁰ˢ 20, 36, 37, 38, 49, 50, 51, 57, 69, 90, 105, 113, 134, 140, 151, 157, 167, 187, 193, 211, 257, 282, 295, 301, 304, i). Les «Notes» comprennent des contributions philologiques (études d'inscriptions) et linguistiques (analyse de problèmes morphologiques; études de grammaire historique ou de dialectologie indo-européenne).

[5] Pour Michel Lejeune le domaine italique englobe le latino-falisque, l'osco-ombrien, le vénète, et divers idiomes méridionaux (sicule, élyme), ces derniers étant qualifiés d'*italoïdes*. Cf. M. Lejeune, «L'élyme, trente ans après», dans *Gli elimi e l'area elima*, Palermo, 1990, 339-343 (n° 300; p. 342-343).

[6] Pour l'étrusque, on signalera surtout les études sur la numération (n⁰ˢ 255 et 257) et sur l'alphabet et ses adaptations (n⁰ˢ 87, 90, 113, 134 et 283).

messapien, l'élyme[7], le lépontique[8], et le gaulois. Dans l'étude de ces langues, Michel Lejeune a réalisé deux objectifs[9] importants: (1) celui de les exploiter dans le cadre d'une recherche comparatiste — en apportant ainsi des matériaux extrêmement importants pour la grammaire comparée des langues indo-européennes[10] —, et (2) — réalisation pour laquelle le monde scientifique lui est très reconnaissant — celui d'avoir donné un profil linguistique à ces langues (et écritures) «mineures» ou «à documentation réduite». L'intérêt que porte Michel Lejeune à ces langues mineures a bénéficié de son retour à Paris — en 1946 il est nommé maître de conférences à la Faculté des Lettres de Paris —, et plus particulièrement à l'École Pratique des Hautes Études, où il est, depuis 1947, directeur d'études pour la grammaire comparée des langues indo-européennes[11]. Les séminaires à l'École sont pour Michel Lejeune le stimulus optimal et la banque d'essai idéale pour mettre en place, à partir d'un enseignement riche en faits et en méthode, une œuvre vouée aux langues et écritures de la Grèce et de l'Italie antiques. Dès le début des années 1950, Michel Lejeune poursuit une étude globale, intégrant tous les matériaux disponibles, sur le vénète. En 1952 il dresse un état de la question des recherches vénètes (n° 41; cf. n°s 53, 56 et 65), et dans les années 1952-1955 il ne cesse d'éditer et de commenter des textes vénètes (voir ses articles «Stèles votives d'Este», «Les bronzes votifs vénètes de Làgole», «Les bronzes votifs vénètes de Gurina», «Les plaques de bronze votives du sanctuaire vénète d'Este», «Les urnes cinéraires inscrites de Montebelluna et de Covolo», «Les épingles votives inscrites du sanctuaire d'Este», «Les dédicaces sur pierre du sanctuaire d'Este», «Les obélisques funéraires d'Este» et

---

[7] Voir «La langue élyme, d'après les graffites de Ségeste» (1969, n° 161), «Observations sur l'épigraphie élyme» (1970, n° 167), «L'élyme, trente ans après» (1990, n° 300). Voir aussi les n°s 176 et 210.

[8] Voir les études sur l'alphabet lépontique: «Indications générales sur l'alphabet lépontique» (1958; n° 88); «Documents gaulois et para-gaulois de Cisalpine» (1971; n° 171) et «Le vase de Latumaros (Discussions sur l'alphabet de Lugano)» (1988; n° 284).

[9] Michel Lejeune n'a cessé de mettre en évidence le lien bidirectionnel qui existe entre les langues à documentation pauvre («Trümmersprachen») et la grammaire comparée des langues indo-européennes: d'un côté, la configuration dialectale de l'indo-européen est rendue de plus en plus nuancée et détaillée, et donc réelle, par les apports des langues mineures; de l'autre côté, l'image de celles-ci résulte toujours de l'adaptation d'un cadre de description fourni par la grammaire comparée (basée sur les langues mieux connues).

[10] Voir par exemple, pour l'insertion du celtique continental dans le contexte indo-européen, l'article de synthèse de Michel Lejeune et de Pierre-Yves Lambert, «Celtique continental», dans E. Campanile éd., *Nuovi materiali per la ricerca indoeuropeistica*, Pisa, 1981, 117-123 (n° 252).

[11] De 1955 à 1963, Michel Lejeune sera directeur-adjoint du C.N.R.S., chargé des Sciences Humaines; en 1963, il est nommé directeur de recherches au C.N.R.S.

«Les dédicaces du sanctuaire de Làgole»; n°s 40, 45, 47, 54, 60, 62, 64, 67 et 69). Une nouvelle série d'éditions de textes (de Làgole, de Padoue et de Vicence) suivra dans les années 1966-1967. À ces éditions de textes correspondent diverses études de la phonologie, de la morphologie et de la syntaxe du vénète[12], et surtout de l'onomastique[13] et des systèmes d'écriture vénètes. En 1974, Michel Lejeune réunit les résultats de ses recherches vénètes dans une magistrale synthèse, qui reste l'ouvrage de référence: *Manuel de la langue vénète* (Heidelberg; n° 203). Entre temps, notre connaissance du vénète s'est enrichie considérablement, grâce à des inscriptions nouvellement découvertes, à Este, à Padoue, à Altino[14], mais surtout à Szentlörinc, en territoire hongrois[15]. Ces nouvelles découvertes ont amené Michel Lejeune à publier un état de la question actualisé en 1979 («État présent des études vénètes»; n° 240) et à commenter en détail l'apport pannonien au dossier vénète (voir les n°s 306, 309, 311). Le site de Szentlörinc pourrait être un parmi de nombreux autres, inconnus jusqu'ici, d'une Pannonie habitée par les Vénètes — qui y ont d'ailleurs adopté une variante de l'alphabet vénète élaboré en Italie[16] —, avant l'arrivée des Celtes.

Un autre dossier italique (ou italoïde) auquel Michel Lejeune s'est beaucoup intéressé, surtout dans les dernières années, est celui du messapien. Un de ses travaux les plus récents (n° 312; voir aussi a) est une réflexion critique sur les translitérations dont les écritures messapiennes ont fait l'objet (dans les éditions par F. Ribezzo, J. Whatmough, O. Parlangèli et C. de Simone), et propose — à partir d'un examen

---

[12] Voir par exemple les n°s 42, 46, 105 et 139; pour la période après 1970, voir les n°s 183, 190 et 227.

[13] Voir en particulier «Notes d'onomastique vénète» (1967; n° 142) et le livre *Ateste à l'heure de la romanisation. Étude anthroponymique* (1979; n° 239).

[14] Cf. A.L. Prosdocimi éd., *Lingue e dialetti dell'Italia antica*, Roma, 1978; A.L. Prosdocimi - G. Fogolari, *I Veneti antichi*, Padova, 1981.

[15] Voir J. Harmatta, dans *Antik Tanulmányok* 32 (1985-86), 187-201; 33 (1987-88), 104-113 et 34 (1989-90).

[16] Sur l'écriture à Szentlörinc et la présence d'écoles scribales, voir «Vénètes de Pannonie» (1990; n° 306), p. 639-644; voir à ce propos l'hypothèse énoncée par Michel Lejeune, *a.c.*, p. 641: «On voit dès lors à quel point la découverte de Szentlörinc bouscule les vues régnantes. Nous avions jadis indiqué (MLV § 15) qu'au cas où Lozzo et Vicence représenteraient un état déjà modifié de l'alphabet princeps, on imaginerait volontiers ce dernier avec *t* étrusque pour *t* vénète, *θ* étrusque pour *d* vénète (ce *θ* carré croisillonné survivant, fossilisé, dans l'abécédaire atestin). Bien qu'il ne nous apparaisse qu'au milieu du -Ve siècle, mais compte tenu de l'archaïsme formel du théta, l'alphabet vénète pannonien ne pourrait-il pas être le continuateur le plus fidèle de l'alphabet princeps?».

épigraphique et d'une analyse phonético-phonologique — un nouveau système de translitération[17].

Les recherches italiques de Michel Lejeune, intrinsèquement liées à l'histoire de l'écriture en Occident et aux adaptations multiformes de l'alphabet étrusque[18], accordent bien sûr une place importante à des langues mieux connues telles que l'osque et l'ombrien. À la langue osque, et tout particulièrement aux témoignages épigraphiques de Rossano di Vaglio, Michel Lejeune a consacré plusieurs dizaines d'articles[19] et deux livres importants: *L'anthroponymie osque* (Paris, 1976; n° 219) et *Méfitis, d'après les dédicaces lucaniennes de Rossano* (Louvain-la-Neuve, 1990; n° 296).

Mais les domaines dans lesquels l'activité scientifique de Michel Lejeune a été la plus intense, et la plus soutenue — ayant laissé des traces profondes dans les séminaires de l'École Pratique des Hautes Études et dans des travaux entrepris par ses auditeurs — ont été ceux du celtique continental et du mycénien. Le déchiffrement du linéaire B par Ventris et Chadwick — qu'il commente en 1954 (voir n° 63)[20] — est pour Michel Lejeune le début d'une carrière intermédiaire de mycéno-

---

[17] Ces propositions s'encadrent dans une réflexion plus englobante sur les principes de translitération de langues à attestation épigraphique: principes que Michel Lejeune a formulés déjà, de façon concise, en 1966 («Problèmes de philologie vénète [XII et XIII]»; n° 133), et qu'on peut résumer en deux règles:

(A) correspondance numérique d'un signe dans l'original avec un signe dans la translitération

(B) correspondance univoque: un même *transliterandum* doit être rendu par un même *transliterans*.

[Les deux règles présupposent une analyse graphophonématique, permettant de distinguer les variantes graphiques et les unités pertinentes.]

À ces deux règles on peut ajouter deux recommandations:

(a) le choix du *transliterans* doit être basé plutôt sur (l'indication de) la *valeur* du signe original que sur son tracé;

(b) il faut éviter (s'il y a lieu, et dans la mesure du possible) les distorsions entre le système de translitération et l'usage des inscriptions en langue indigène et alphabet latin.

Voir aussi «Notes de linguistique italique (XXXIII à XXXV)» (1982; n° 257).

[18] Pour l'étrusque, voir surtout «Observations sur l'alphabet étrusque» (1958; n° 87); «Notes de linguistique italique (XIII, Sur les adaptations de l'alphabet étrusque aux langues indo-européennes d'Italie)» (1958; n° 90); «Notes de linguistique italique (XVI à XVIII)» (1963; n° 113); «Notes de linguistique italique (XXXIII à XXXV)» (1982; n° 257) et «Pour une histoire interne et externe de l'écriture étrusque» (1988; n° 283).

[19] Signalons ici — pour l'osque et pour l'ombrien — plusieurs articles dans la série de «Notes de linguistique italique» (1952, 1953, 1963, 1967, 1968, 1969; n°s 37, 50, 113, 140, 151, 157), «Phonologie osque et graphie grecque (I et II)» (1971, 1973; n°s 173 et 194), «Réflexions sur la phonologie du vocalisme osque» (1975; n° 213) et «Noms osco-ombriens des eaux, des sources et des fontaines» (1977; n° 228).

[20] Voir aussi les «Essais de philologie mycénienne: I. État de la recherche» (1955; n° 72).

logue[21] qui le mène, à travers des études patientes de textes d'inventaires et des travaux lexicaux ou d'histoire sociale et culturelle, à des analyses de l'écriture et de la phonétique (voir les *Mémoires de philologie mycénienne*, première série; l'article important sur les sifflantes et la *Phonétique historique du mycénien et du grec ancien*, Paris, 1972)[22], des descriptions morphologiques[23], et à l'établissement du très utile *Index inverse du grec mycénien* (1964; n° 122). L'*Index* et les *Mémoires de philologie mycénienne* (n°s 93, 175 et 196), dont la troisième livraison comporte un index cumulatif, sont des instruments de travail de premier ordre pour une discipline qui a révolutionné les études grecques, mais qui semble avoir épuisé aujourd'hui le plus neuf de ses ressources exploitables, en linguistique historico-comparative et en histoire des civilisations.

Il n'en est pas de même des vestiges du celtique continental[24], qui réservent de temps en temps d'étonnantes découvertes aux chercheurs[25]. Commentateur des inscriptions «magiques» gauloises (cf. n°s 272 et 278), Michel Lejeune est davantage connu comme le spécialiste du celtibère (voir son ouvrage classique, *Celtiberica* [Salamanca, 1956], et ses commentaires sur l'inscription de Botorrita et sur la *Sententia Contrebiensium*)[26], et surtout comme l'éditeur minutieux d'inscriptions gauloises: on lui doit de nombreuses éditions (publiées surtout dans les années 1970) de textes lapidaires, de graffites, de défixions, de légendes monétaires provenant de diverses régions de la Gaule transalpine et cisalpine. Ce travail d'édition a culminé dans les deux impressionnants volumes (n°s 271 et 287) du *Recueil des inscriptions gauloises* (I, *Textes gallo-grecs*, 1985; II-1, *Textes gallo-étrusques; textes gallo-latins sur pierre*, 1989) et est entouré d'une série de notes étymologiques.

La force centripète dans cette œuvre très vaste, qui mène l'auteur à l'exploration de contacts «scripturaires» très complexes[27], est la volonté

---

[21] Les travaux mycénologiques occupent l'avant-plan de sa production scientifique entre 1955 et 1970.

[22] N°s 93, 102 et 186.

[23] Voir les n°s 92, 94, 99, 107, 109 (repris dans *Mémoires de philologie mycénienne*, deuxième série; n° 175) et les n°s 124, 125, 129 et 153 (repris dans *Mémoires de philologie mycénienne*, troisième série; n° 196).

[24] Pour des aperçus, voir «Vues présentes sur le celtique ancien» (1978; n° 235) et «Celtique continental» (1981; n° 252).

[25] On notera aussi que Michel Lejeune a régulièrement fait des communications sur des trouvailles épigraphiques (celtiques et autres) à l'Académie des Inscriptions et Belles-Lettres, dont il est membre depuis 1963.

[26] N°s 76, 200, h et i. Voir aussi l'importante étude «Sur les nasales celtibères» (1985; n° 270).

[27] Mais c'est le hasard (réutilisation de support) qui fait voisiner les alphabets étrusque et ionien sur une tablette languedocienne archaïque. Voir M. Lejeune - J. Pouilloux, «Une transaction commerciale ionienne au Ve s. à Pech-Maho» (1989; n° 291); M. Lejeune -

de retracer et de comprendre la transmission de l'alphabet[28], à travers le foisonnement d'abécédaires et la diversité de pratiques épigraphiques. Depuis son étude synthétique sur «Le langage et l'écriture» (1934; n° 8), Michel Lejeune n'a cessé de suivre les processus sinueux de transmission, d'adaptation[29] (ou de «régénération») de systèmes d'écriture, en les replaçant dans leur contexte éducationnel (les écoles scribales) et culturel (l'impact de l'écriture sur la mentalité des peuples; l'importance de l'écriture pour les relations socio-économiques) et en essayant de reconstituer l'histoire de l'alphabet en corrélation avec des états de langue restitués: travail linguistique qui requiert la reconnaissance de la variation (orale et écrite), et qui implique un effort considérable pour pénétrer dans la «conscience linguistique» de ceux qui ont développé et adapté ces systèmes d'écriture. Dans cette histoire de l'alphabet en Occident — histoire qui, en filigrane, structure celle de l'œuvre scientifique de Michel Lejeune — on peut relever des *moments cruciaux*: la transmission de l'écriture à la civilisation phrygienne[30], la disparition d'écritures syllabiques, l'élaboration de l'écriture étrusque[31], la prolifération d'alphabets italiques et italoïdes (rétique, lépontique[32], vénète[33], messapien, élyme), l'émergence de processus d'hybridation (graphies osco-grecques, gallo-grecques, etc.). Cette diffusion de l'alphabet — affaire de multiples «rencontres»[34] — est un processus en quelque sorte retourné sur lui-même: il y a en effet une dialectique évolutive[35] entre le

J. Pouilloux - Y. Solier, «Étrusque et ionien archaïques sur un plomb de Pech-Maho (Aude)» (1990; n° 299).

[28] Pour une vue synthétique, voir «La diffusion de l'alphabet» (1967; n° 143) et «Le jeu des abécédaires dans la transmission de l'alphabet» (1990; n° 297).

[29] Cf. «Notes de linguistique italique (XIII, Sur les adaptations de l'alphabet étrusque aux langues indo-européennes d'Italie)» (1958; n° 90).

[30] Sur l'alphabet paléo-phrygien, voir «Discussions sur l'alphabet phrygien» (1970; n° 163), «Sur l'alphabet paléo-phrygien» (1979; n° 238); les inscriptions paléo-phrygiennes sont éditées dans M. Lejeune - Cl. Brixhe, *Corpus des inscriptions paléo-phrygiennes* (Paris, 1984; n° 269).

[31] Voir «Observations sur l'alphabet étrusque» (1958; n° 87) et «Pour une histoire interne et externe de l'écriture étrusque» (1988; n° 283).

[32] Voir «Indications générales sur l'alphabet lépontique» (1958; n° 88).

[33] Voir «Indications générales sur l'écriture vénète» (1958; n° 89).

[34] Michel Lejeune en a retracé l'histoire dans son article «Rencontres de l'alphabet grec avec les langues barbares au cours du Ier millénaire avant J.-C.» (1983; n° 266).

[35] Voir «Le jeu des abécédaires dans la transmission de l'alphabet» (1990; n° 297), article qui formule les principes de base pour la distinction chronologique d'abécédaires étruriens de première (VIIe siècle, avec les trois lettres mortes *b*, *d*, *o* et sans *f*), de seconde (première partie du VIe siècle, sans *b*, *d*, *o* et sans *f*) et de troisième (à partir de la fin du VIe siècle, sans *b*, *d*, *o* mais avec *f*) génération. Le jeu dialectique des abécédaires et des alphabets est également évoqué dans «Problèmes de philologie vénète (XI)» (1957; n° 84); «Notes de linguistique italique (XVI à XVIII)» (1963; n° 113); «Venetica (VIII à XII)» (1966; n° 138) et «L'enseignement de l'écriture et de l'orthographe vénètes à Este» (1972; n° 181).

développement des abécédaires (tracés et suites de signes; noms des lettres) et l'évolution de l'alphabet.

Processus retourné sur lui-même: cela explique aussi les nombreux segments de cette histoire qui demeurent obscurs pour nous, comme par exemple l'évolution des écritures dans l'Hispania antiqua, où — comme le montre le texte de l'exposé[36] de Michel Lejeune — des traditions indigènes, en contact avec des modèles sémitiques et gréco-étrusques (et leurs dérivés), conduisent à des systèmes de notations dans lesquels le principe alphabétique et le principe syllabique se combinent, et confèrent une économie particulière à l'écriture.

P. Swiggers
F.N.R.S. belge

---

[36] Voir déjà «Épigraphie sud-hispanique» (1963; n° 115) et «Vieille-Toulouse et la métrologie ibérique» (1984; n° 268).

MICHEL LEJEUNE : NOTICE BIBLIOGRAPHIQUE

Le relevé ci-après est arrêté au 15 septembre 1993. Il est ordonné selon les *dates effectives de parution* des travaux. Il est complété par un index des matières.

À l'exclusion des comptes-rendus, notices, discours, rapports, etc., il ne retient que livres et articles. Les titres des livres sont imprimés en caractères gras. Les abréviations de titres de périodiques sont celles dont use l'*Année philologique*.

Une collection complète de ces travaux existe à la Bibliothèque Nationale (les tirés à part d'articles étant groupés sous la cote 4° Z 7541). Une autre existe à la bibliothèque de l'Institut de France (avec articles groupés sous 4° NS 9562).

L'auteur a, de plus, été l'éditeur des Actes du VIe Congrès international des linguistes (tenu à Paris en 1948), des Actes du Ier Colloque international d'études mycéniennes (tenu à Gif-sur-Yvette en 1956), et du dernier fascicule (φ-ω; 1980) du *Dictionnaire étymologique de la langue grecque*, laissé inachevé par P. Chantraine.

LISTE CHRONOLOGIQUE

1929

1   *Grec* -το-, -ατο-, -τατο-.
     BSL 29, p. 109-116.
2   *Grec* πρῶτος.
     BSL 29, p. 117-121.

1932

3   *Sur les génitifs cypriotes du type* το αργυρο(ν).
     BSL 33, p. 67-72.
4   *Sur la forme étolienne du datif singulier des thèmes en* -o-.
     BSL 33, p. 73-75.
5   *Une forme étolienne à Delphes.* [dat. sg. en -οι]
     REG 45, p. 366-379.

1933

6   *Sur une difficulté de la dialectologie grecque.*
     RPh 7, p. 282-292.
7   *Sur les traitements grecs de* -ns-.
     BSL 34, p. 165-172.

1934

8   *Le langage et l'écriture.*
     Dans: *L'évolution humaine, des origines à nos jours* (Paris, Quillet), t. III, p. 291-340.

1937

9   *Conditions générales des changements linguistiques.*
     Dans: *Encyclopédie française: le langage*, t. I, fasc. 34, p. 1-16.

1939

10   **Les adverbes grecs en** -θεν.
     Bordeaux, Delmas [= Publications de l'Université de Bordeaux, n° 3], 444 p.

1940

11 **Observations sur la langue des actes d'affranchissement delphiques.**
Paris: Klincksieck [= Collection linguistique, XLVII], 161 p.

12 *Histoire d'une désinence dans les parlers grecs du Nord-Ouest (opt. 3ᵉ pl. -οιεν, -οιν, -οισαν).*
Dans: *Mélanges ... Alfred Ernout* (Paris, Klincksieck), p. 225-230.

13 *Sur l'accentuation attique de χαμᾶξε.*
REA 42 [= *Mélanges Radet*], p. 227-233.

1943

14 *Notes d'épigraphie thessalienne I-VII.*
REG 54, p. 58-80 et 176-197.

15 *Sens et emplois des démonstratifs ονε, ονι, ονυ.*
RPh 17, p. 120-130.

16 *Sur les traitements grecs des sonantes.*
REA 45, p. 131-149.

1944

17 *En marge d'inscriptions grecques dialectales* (I, Sur un règlement sicyonien du Vᵉ siècle).
REA 45, p. 183-198.

18 *Remarques sur l'analogie en matière d'accentuation grecque.*
RPh 18, p. 57-68.

1945

19 *La position du latin sur le domaine indo-européen.*
Dans: *Mémorial des Études Latines* (Paris, Les Belles-Lettres), p. 7-31. [Voir aussi adaptation espagnole, n° 30]

20 **Notes de linguistique italique* (I, Notes sur la déclinaison latine: **Iᵃ: les formes du nominatif pluriel du genre animé; *Iᵇ: génitif singulier et datif singulier des thèmes en -u-).
REL 21-22, p. 87-101. [La note Iᵃ a été republiée dans K. Strunk (éd.), *Probleme der lateinischen Grammatik* (Darmstadt, Wissenschaftliche Buchgesellschaft), 1973, p. 165-171]

21 **Précis d'accentuation grecque.**
Paris, Hachette, 60 p. [Nombreux tirages ultérieurs.]

1946

22 *En marge d'inscriptions grecques dialectales* (II, La plus ancienne inscription thessalienne; III, Vases protocorinthiens inscrits; IV, Note sur l'alphabet étolien archaïque).
REA 47, p. 97-115.

1947

23 **Traité de phonétique grecque.**
Paris, Klincksieck [= Collection de Philologie Classique, III], XVI-358 p.

24 *En marge d'inscriptions grecques dialectales* (V, Note sur le nom de Phlionte).
REA 48, p. 203-215.

1948

25 *Linguistique préhellénique* [suivi de: *Note sur* μιριϙυθος].
REA 49, p. 25-37.

26 *L'inscription* ισαλυρια *de Dréros: étéocrétois ou crétois?*
REA 49, p. 274-285.

1949

27 *La curiosité linguistique dans l'antiquité classique.*
Conférences de l'Institut de Linguistique de l'Université de Paris
8, p. 45-61.

28 *«Dans ma tabatière...», note sur les terminaisons féminines suspensives dans la strophe chantée.*
Le français moderne 17, p. 241-250.

29 *En marge d'inscriptions grecques dialectales* (VI, Sur l'extension de **H** pour noter *e* long).
REA 51, p. 5-15.

30 **La posición del latín en el dominio indoeuropeo.**
Buenos Aires, Coni [= Universidad de Buenos Aires, Facultad de Filosofía y Letras, Instituto de Filología, Sección Clásica, Ser. B, Vol. III], XI-63 p. [Adaptation espagnole du n° 19].

1950

31 *Les noms d'agent féminins en grec.*
RPh 24, p. 9-28.

32 *Sur le traitement osque de* *-ā *final.*
BSL 45, p. 104-110.

33 *Sur le nom grec du «cas» grammatical.*
REG 63, p. 1-7 et 325.

1951

34 *Vénète adan.*
BSL 46, p. 39-42.

35 *Hittite ḫatrami* : *vénète* atraest.
    BSL 46, p. 43-47.
36 *Notes de linguistique italique* (II, Latin et chronologie «italique»).
    REL 28, p. 97-104.

1952

37 *Notes de linguistique italique* (III, L'isoglosse *-m/-n* dans l'occi-
    dent indo-européen).
    REL 29, p. 86-95.
38 *Notes de linguistique italique* (IV, Effets d'*i*-Umlaut en latin).
    REL 29, p. 95-102.
39 *L'inscription rétique de Castelcies.*
    SE 21, p. 209-214.
40 *Stèles votives d'Este.*
    SE 21, p. 215-227.
41 *Problèmes de philologie vénète* (I, État de la recherche; II, Le pro-
    blème du *h*; III, La pseudo-déesse Lahvna à Idria; IV, La pseudo-
    «Sānātrīx» d'Este et les pseudo-Macnātēs du Latium; V, Le pro-
    blème du *c*; VI, La pseudo-Hécate du Cadore).
    RPh 25, p. 202-235.
42 *La consonne yod en vénète.*
    Word 8, p. 51-64.
43 *Un texte celtibère inédit.* [Tessère Froehner du Cabinet des
    Médailles].
    Zephyrus 3, p. 179.
44 *Géographie linguistique et indo-européen.*
    Dans: *Preliminary Reports for the Seventh Linguistic Congress*
    (London), 1952, p. 149-151.
45 *Les bronzes votifs vénètes de Làgole.*
    REA 54, p. 51-82.
46 *Problèmes de philologie vénète* (VII, La conjonction *ke* «et»; VIII,
    Les tablettes alphabétiques d'Este: technique orthographique et
    magie; IX, Le formulaire votif; X, Le nom du «dieu» en vénète).
    RPh 26, p. 192-218.

1953

47 *Les bronzes votifs vénètes de Gurina.*
    REA 54, p. 267-274.
48 *À propos de trois inscriptions italiques* [inscription falisque dite de
    Cérès; inscription pélignienne *famel inim loufir*; «pierre noire» du
    Forum].
    REA 54, p. 340-342.

49   *Notes de linguistique italique* (V, Note sur les inscriptions latines de la Collection Froehner).
     REL 30, p. 87-100.

50   *Notes de linguistique italique* (VI, Inscriptions osques de la Collection Froehner).
     REL 30, p. 100-114.

51   *Notes de linguistique italique* (VII, Inscriptions falisques de la Collection Froehner).
     REL 30, p. 114-126.

51bis **Collection Froehner: inscriptions italiques.**
     Paris, Bibliothèque Nationale, 47 p. [Réimpression groupée des n°s 49-50-51]

52   *Note sur les fouilles vénètes de Làgole.*
     Latomus 12, p. 3-13.

53   *Sur les inscriptions de la Vénétie préromaine.*
     CRAI 1952, p. 11-15.

54   *Les plaques de bronze votives du sanctuaire vénète d'Este.*
     REA 55, p. 58-112.

55   *Inscriptions étrusques de la Collection Froehner.*
     SE 22, p. 131-155.

1954

56   *Venetica* (I, État de la recherche; II, En marge de V. Pisani).
     Latomus 12, p. 385-401.

57   *Notes de linguistique italique* (VIII-XI, Les urnes cinéraires inscrites d'Este).
     REL 31, p. 117-174.

58   *Voltiomnos, Volsomnos, Volsounos.*
     BSL 49, p. 43-51.

59   *La fonction évocatrice du langage oral.*
     Revue de Laryngologie, Suppl. de février 1954, p. 307-312.

60   *Les urnes cinéraires inscrites de Montebelluna et de Covolo.*
     RAL 9, p. 21-33.

61   *Venetica* (III, En marge de O. Haas).
     Latomus 13, p. 9-24.

62   *Les épingles votives inscrites du sanctuaire d'Este.*
     REA 56, p. 61-89.

63   *Déchiffrement du «linéaire B».*
     REA 56, p. 154-157.

64   *Les dédicaces sur pierre du sanctuaire d'Este.*
     Athenaeum 32, p. 134-158.

65   *Venetica* (IV, Progrès de la recherche; V, Nouvelles dédicaces de Làgole; VI, En marge de G.B. Pellegrini).
     Latomus 13, p. 117-128.

66 *Génitif et accusatif distributifs en grec ancien.*
    Dans: *Sprachgeschichte und Wortbedeutung* [= Festschrift Albert
    Debrunner] (Bern, Francke), p. 259-277.
67 *Les obélisques funéraires d'Este.*
    AIV 112, p. 191-267.

1955

68 *Observations sur le cypriote* (I, Le syllabaire; II, υϝαις γαν).
    BSL 50, p. 68-78.
69 *Notes de linguistique italique* (XII, Les dédicaces du sanctuaire de
    Làgole).
    REL 32, p. 120-138.
70 *Les correspondants italiques de lat.* finxit *et de lat.* fēcit.
    Dans: *Corolla Linguistica* [= Festschrift Ferdinand Sommer]
    (Wiesbaden, Harrassowitz), p. 145-153.
71 *Structure de l'anthroponymie vénète.*
    Word 11, p. 24-44.
72 *Essais de philologie mycénienne* (I, État de la recherche; II, Les
    inventaires de roues).
    RPh 29, p. 147-171.
72bis **Traité de phonétique grecque.** Deuxième édition.
    Paris, Klincksieck, XV-374 p. [Reproduction corrigée de l'ouvrage
    n° 23, avec 15 pages de notes additionnelles].

1956

73 *Études de philologie mycénienne* (I, Langue, écriture, orthographe;
    II, Les tablettes pyliennes de la série Ma).
    REA 58, p. 3-39.
74 *Remarques sur l'identification des caractères mycéniens.*
    Minos 4, p. 22-32.
75 *Observations sur le signe mycénien 43 (ai).*
    Dans: *Études mycéniennes* [= Actes du Colloque International de
    Gif-sur-Yvette] (Paris, Éd. du C.N.R.S.), p. 39-50.
76 **Celtiberica.**
    Universidad de Salamanca [= Acta Salmanticensia, Filosofía y
    Letras, tomo VII, num. 4], 144 p.
77 *L'inscription gauloise de Briona.*
    Dans: *Hommages à Max Niedermann* [Bruxelles, Collection
    Latomus XXIII], p. 206-215.
78 *Stèle inscrite des Sources de la Seine.* (en collaboration avec
    Roland Martin)
    REA 58, p. 71-82.

79 *Interprétation de quelques textes de Cnossos et de Pylos.* [Résumé]
    CRAI 1955, p. 159-161.
80 *Essais de philologie mycénienne* (III, Nouveaux inventaires de
    roues: Pylos).
    RPh 30, p. 175-186.
81 *Les documents pyliens des séries Na, Ng, Nn.*
    Dans: *Études mycéniennes* [= Actes du Colloque International de
    Gif-sur-Yvette] (Paris, Éd. du C.N.R.S.), p. 137-165.

1957

82 *La désinence -φι en mycénien.*
    BSL 52, p. 187-218.
83 *Observations sur les inscriptions vénéto-latines.*
    Dans: *Studies presented to Joshua Whatmough* (La Haye,
    Mouton), p. 149-163.
84 **Problèmes de philologie vénète* (*XI, Contribution à l'histoire des
    alphabets vénètes: la notation de *t* et de *d*).
    RPh 31, p. 169-182.
85 *Mycénien* dama/duma «*intendant*».
    Minos 5, p. 130-148.
86 *À propos de mycénien* «wo:wo».
    Minos 5, p. 207-208.

1958

87 *Observations sur l'alphabet étrusque.*
    Dans: *Tyrrhenica* (Milano, Istituto Lombardo), p. 158-169.
88 *Indications générales sur l'alphabet lépontique.*
    Dans: *Tyrrhenica* (Milano, Istituto Lombardo), p. 173-181.
89 *Indications générales sur l'écriture vénète.*
    Dans: *Tyrrhenica* (Milano, Istituto Lombardo), p. 182-195.
90 *Notes de linguistique italique* (XIII, Sur les adaptations de l'alpha-
    bet étrusque aux langues indo-européennes d'Italie).
    REL 35, p. 88-105.
91 *Observations sur la langue des tablettes de Pylos.* [Résumé]
    Dans: *Actas del Primer Congreso Español de Estudios Clásicos,
    Madrid 1956*, p. 56-57.
92 *Études de philologie mycénienne* (III, Les adjectifs mycéniens à
    suffixe -*went*-).
    REA 60, p. 5-26.
93 **Mémoires de philologie mycénienne, première série (1955-
    1957).**
    Paris, Éd. du C.N.R.S., 402 p. [Réunit les articles n°s 72, 73, 74, 75,
    80, 81, 82, 85, et y ajoute des études inédites, divers appendices et
    un index].

94 *Essais de philologie mycénienne* (IV, Observations sur les composés privatifs; V, Observations sur le nombre duel).
RPh 32, p. 198-217.

1959

95 *Note sur les vases de terre-cuite avec inscriptions étrusques du Musée du Louvre.*
SE 26, p. 85-101.
96 *Textes mycéniens relatifs aux esclaves.*
Historia 8, p. 128-144.
97 *Études de philologie mycénienne* (IV, Comptabilité de Pylos: un barème dégressif de rations alimentaires).
REA 61, p. 5-14.
98 *De quelques idéogrammes mycéniens.*
REG 72, p. 123-148.

1960

99 *Essais de philologie mycénienne* (VI, Les dérivés en -*ter*-).
RPh 34, p. 9-36.
100 *«Présents» et «absents» dans les inventaires mycéniens.*
PP t. 15, fasc. 70, p. 5-19.
101 *À propos d'un plomb inscrit d'Elne.*
REA 62, p. 62-79.
102 *Les sifflantes fortes du mycénien.*
Minos 6, p. 87-137.
103 *Prêtres et prêtresses dans les documents mycéniens.*
Dans: *Hommages à Georges Dumézil* (Bruxelles, Collection Latomus, XLV), p. 129-139.
104 *Hittite* kati, *grec* κασι-.
BSL 55, p. 20-26.

1961

105 *Notes de linguistique italique* (XIV, Sur un fait de phonétique vénète [occlusives sourdes douces devant *s* et *t*]; XV, Note sur les «tablettes alphabétiques» d'Este].
REL 38, p. 132-150.
106 *Les forgerons de Pylos.*
Historia 10, p. 409-434.
107 *Essais de philologie mycénienne* (VII, La postposition -δε).
RPh 35, p. 195-206.

1962

108 *Discussions étymologiques.* [en marge de O. Szemerényi et P. Ramat]
REA 63, p. 433-438.

109 *Études de philologie mycénienne* (V, Le suffixe -τερο-).
REA 64, p. 5-19.

110 *Note sur la stèle archaïque du Forum.*
Dans: *Hommages à Albert Grenier* (Bruxelles, Collection Latomus, LVIII), p. 1030-1039.

111 *Essais de philologie mycénienne* (VIII, Les signes *ta₂* et *two*).
RPh 36, p. 217-224.

1963

112 *Hom.* ἐύκτιτον Αἰπύ *et les tablettes de Pylos.*
REG 75, p. 327-343.

113 *Notes de linguistique italique* (XVI, Sur la notation des voyelles vélaires dans les alphabets d'origine étrusque; XVII, La bilingue étrusco-latine de Pesaro; XVIII, La dédicace osque de Rocca Aspromonte).
REL 40, p. 149-169.

114 *Notes mycéniennes* (I, *potinijawejo*; II, *ekaraewe*; III, *oremoakereu*; IV, *rekeetoroterijo*).
PP t. 17, fasc. 87, p. 401-420.

115 *Épigraphie sud-hispanique.*
REA 65, p. 5-32.

115bis *Note sur le nom mycénien du «fils».*
Nestor (août 1963), p. 269-270.

116 *Noms propres de bœufs à Cnossos.*
REG 76, p. 1-9.

117 Hom. ἐδανός.
BSL 58, p. 81-84.

1964

118 *Sur quelques termes du vocabulaire économique mycénien.*
Dans: *Mycenaean Studies* (Proceedings of the Third International Colloquium for Mycenaean Studies, Wingspread 1961) (Madison, Univ. of Wisconsin Press), p. 77-109.

119 *Observations sur l'idéogramme mycénien 146.*
Dans: *Mycenaean Studies* (Proceedings of the Third International Colloquium for Mycenaean Studies, Wingspread 1961) (Madison, Univ. of Wisconsin Press), p. 111-124.

120 *Dix ans d'études mycéniennes.*
     Dans: *Actes du VIIᵉ Congrès Guillaume Budé, Aix-en-Provence
     1963* (Paris, Les Belles-Lettres), p. 60-68.
121 *Vénus romaine et Vénus osque.*
     Dans: *Hommages à Jean Bayet* (Bruxelles, Collection Latomus,
     LXX), p. 383-400.
122 **Index inverse du grec mycénien.**
     Paris, Éd. du C.N.R.S., 117 p.
123 *Osque* fufans.
     BSL 59, p. 77-81.

1965

124 *Notes mycéniennes* (V, Anthroponymes en -μενος).
     PP t. 19, fasc. 98, p. 321-328.
125 *Essais de philologie mycénienne* (IX, Le génitif singulier théma-
     tique; X, Les diphtongues en -*i* à Pylos).
     RPh 39, p. 14-27.
126 *Études de philologie mycénienne* (VI, Les circonscriptions admi-
     nistratives de Pylos).
     REA 67, p. 5-24.
127 *Une nouvelle inscription mycénienne à Thèbes.*
     CRAI 1964, p. 291-296.
128 *Le δᾶμος dans la société mycénienne.*
     REG 78, p. 1-22.
129 *Notes de morphologie mycénienne* (I, Restauration analogique de la
     sifflante intervocalique; II, Flexions thématique et athématique;
     III, La voyelle thématique dite de liaison).
     BSL 60, p. 1-17.

1966

130 *Les inscriptions vénètes.*
     AFLT 1, p. 185-206.
131 *Venetica* (VII, Adria).
     Latomus 25, p. 7-27.
132 *Les situles vénètes inscrites.* (en collaboration avec Paola Guida)
     PP t. 20, fasc. 104, p. 347-374.
133 *Problèmes de philologie vénète* (XII, Les deux sifflantes du vénète; .
     XIII, Problèmes et principes de translitération).
     RPh 40, p. 7-32.
134 *Notes de linguistique italique* (XIX, Les inscriptions vénètes du
     haut Isonzo; XX, Notes sur la ponctuation syllabique du vénète et
     de l'étrusque méridional).
     REL 43, p. 152-180.

135 *Syllabaire mycénien: peut-on lire* au- *pour* 85- *?*
   SMEA 1, p. 9-28.

136 *Doublets et complexes.* [dans l'écriture mycénienne]
   Dans: *Proceedings of the Cambridge Colloquium on Mycenaean Studies* (Cambridge, University Press), p. 135-149.

137 *Le récapitulatif du cadastre Ep de Pylos.*
   Dans: *Proceedings of the Cambridge Colloquium on Mycenaean Studies* (Cambridge, University Press), p. 260-264.

138 *Venetica* (VIII, Les tracés de *l* et de *p* à Làgole; IX, La double tradition épigraphique de Làgole; X, L'anthroponymie de Làgole; XI, Une nouvelle forme verbale à Làgole; XII, Hypothèses sur le sanctuaire de Valle di Cadore).
   Latomus 25, p. 381-413.

1967

139 *Le verbe vénète.*
   BSL 61, p. 191-208.

140 *Notes de linguistique italique* (XXI, Les notations de *f* dans l'Italie ancienne).
   REL 44, p. 141-181.

141 *Venetica* (XIII, La tablette votive de Vicence; XIV, Les deux thétas de l'écriture vénète).
   Latomus 25, p. 677-688.

142 *Notes d'onomastique vénète* (I, Un *Śougos* à Padoue?; II, Note sur la diphtongue *eu/ou* en vénète; III, Un *Futos*, fils de *Fouvo*, à Làgole; IV, Noms grecs à Padoue?; V, Composés nominaux en vénète; VI, Note sur la syncope de *i* en vénète; VII, L'inscription «collégiale» de Padoue).
   AAPat 78, p. 511-548.

143 *La diffusion de l'alphabet.*
   CRAI 1966, p. 505-511.

144 *Linguistique et archéologie.*
   Revue de l'enseignement supérieur 1967, p. 67-70.

145 *Contexte et interprétation* [à propos des syllabogrammes mycéniens *66* et *91*].
   Minos 8, p. 100-114.

145bis *Note sur myc.* tekotonape.
   SMEA 4, p. 33-34.

1968

146 *Une présentation du mycénien.* [à propos des *Études* de C. Ruijgh]
   REA 69, p. 280-288.

147 *A-t-il existé un syllabaire tyrrhénien?*
REG 80, p. 40-59.
148 *Un nom indo-européen de l'«épée» en mycénien?*
BN 3, p. 38-39.
149 *La civilisation mycénienne et la guerre.*
Dans: J.-P. Vernant, *Problèmes de la guerre en Grèce ancienne* (Paris - La Haye, Mouton), p. 31-51.
150 *«Fils» et «fille» dans les langues de l'Italie ancienne.*
BSL 62, p. 67-86.
151 *Notes de linguistique italique* (XXII, Caprotina; XXIII, Le culte de Méfitis à Rossano di Vaglio; XXIV, Répertoire théonymique de l'épigraphie osque).
REL 45, p. 194-231.
152 *Chars et roues à Cnossos: structure d'un inventaire.*
Minos 9, p. 9-61.

1969

153 *Essais de philologie mycénienne* (XI, L'instrumental pluriel thématique; XII, Les neutres en -ας ; XIII, Le duel des thèmes en -*ā*).
RPh 42, p. 219-239.
154 *La position du grec mycénien.*
Dans: *Atti e Memorie del I Congresso Internazionale di Micenologia* (Roma, Ateneo), p. 726-732.
155 L'assibilation de θ devant ι en mycénien.
Dans: *Atti e Memorie del I Congresso Internazionale di Micenologia* (Roma, Ateneo), p. 733-743.
156 *Osque* estud/*ombrien* futu.
Dans: *Mélanges M. Renard* (Bruxelles, Collection Latomus, CI), p. 533-537.
157 *Notes de linguistique italique* (XXV, Ombrien *tio subocau suboco*; XXVI, Ombrien *ef aserio*; XXVII, L'inscription osque de Saepinum Ve. 161; L'inscription osque de Capoue Ve. 102).
REL 46, p. 98-129.
158 *Mycénien* qaqaro/*minoen* qaqaru.
Dans: *Actes du Premier Congrès International des Études Balkaniques et Sud-est-européennes* (Sofia, Académie des Sciences), p. 311-316.
159 *Inscriptions lapidaires de Narbonnaise* (I, Inscription de Vitrolles; II, Note sur les emplois de ει, η, ω dans les textes lapidaires gallo-grecs; III, Dédicaces provençales à Bélénos; IV, Inscription de Cabrières; V, Inscription de Saint-Gilles; VI, Inscription de Sernhac; VII, Dédicace de Saint-Victor des Oules).
EC 12-1, p. 21-91.

160 À *propos du problème des Pélasges.*
Dans: *Atti del I Simposio di Protostoria d'Italia, Orvieto 1967*, p. 209-215.
161 *La langue élyme, d'après les graffites de Ségeste.*
CRAI 1969, p. 237-242.
162 *Les graffites gallo-grecs du torque de Mailly-le-Camp.*
MMAI 56, p. 61-76.

1970

163 *Discussions sur l'alphabet phrygien.*
SMEA 10, p. 19-47.
164 À *propos de la titulature de Midas.*
Athenaeum 47 [= Studi in onore di Piero Meriggi], p. 179-192.
165 *Sur les toponymes mycéniens en -wont-.*
BSL 64, p. 43-56.
166 *Seconde note sur le sanctuaire lucanien de Rossano di Vaglio.*
PP t. 24, fasc. 127, p. 281-302.
167 *Notes de linguistique italique* (*XXIX, Observations sur l'épigraphie élyme).
REL 47, p. 133-183.
168 *Les inscriptions de Gordion et l'alphabet phrygien.*
Kadmos 9, p. 51-74.
169 À *propos des traitements de yod en grec ancien.*
REA 71, p. 379-382.
170 *Notes paléo-phrygiennes.*
REA 71, p. 287-300.

1971

171 *Documents gaulois et para-gaulois de Cisalpine* (I, Introduction; II, L'alphabet de Lugano; III, Les stèles funéraires gauloises; IV, L'anthroponymie des inscriptions indigènes dans les zones lépontique et gauloise; V, Les inscriptions lépontiques; VI, Les légendes monétaires en alphabet de Lugano; VII, Les stèles de la Lunigiana).
EC 12-2, p. 357-500.
171bis **Lepontica.**
Paris, Les Belles-Lettres (Monographies linguistiques, 1), 149 p. [= Édition en volume du n° 171].
172 *Épigraphie d'un sanctuaire lucanien.*
CRAI 1971, p. 52-69.
173 *Phonologie osque et graphie grecque, I.*
REA 72, p. 271-316.
174 *Note sur l'inscription de Plumergat.*
Annales de Bretagne 77, p. 669-672.

175 **Mémoires de philologie mycénienne, deuxième série (1958-1963).**
Roma, Ateneo (= Incunabula graeca 42), 400 p. [Fait suite au n°
93; réunit les articles n°ˢ 92, 94, 96, 98, 99, 100, 102, 103, 104,
106, 107, 109, 111, 112, 114, 115*bis*, 116, 118, 119].

1972

176 *À propos, encore, des graffites de Ségeste.*
SSL 11, p. 223-227.
177 *Problèmes de philologie vénète* (XIV, Les épitaphes «*ecupetaris*»).
RPh 45, p. 7-26.
178 *La préture en Narbonnaise et l'inscription de Vitrolles.*
Et Class [Aix-en-Provence] 3, p. 131-139.
179 *La dédicace de* Νικάνδρη *et l'écriture archaïque de Naxos.*
RPh 45, p. 209-215.
180 *Notes d'épigraphie sicilienne* (I, Les épitaphes οἴμοι; II, Épitaphe
de Licodia Eubea; III, Épitaphe de Mégare Hyblée; IV, L'antiquissima de Syracuse).
Kokalos 16, p. 16-29.
181 *L'enseignement de l'écriture et de l'orthographe vénètes à Este.*
BSL 66, p. 267-298.
182 *L'épigraphie osque de Rossano di Vaglio (Potenza).*
MAL 16, p. 47-83.
183 *Venetica* (XV, Épitaphe véneto-latine d'un *miles* pour son fils, à
Este; XVI, Le génitif singulier thématique; XVII, Les formes à
samprasāraṇa).
Latomus 31, p. 3-21.
184 *Les syllabogrammes B et leur translitération.*
Minos 11 [= Acta Mycenaea, Actes du Vᵉ Colloque International
des Études Mycéniennes, Salamanque 1970, t. I], p. 73-98.
185 *Sur le nom grec de la «laine».*
Dans: *Mélanges ... Pierre Chantraine* (Paris, Klincksieck), p. 93-
104.
186 **Phonétique historique du mycénien et du grec ancien.**
Paris, Klincksieck, XI-398 p. [Version entièrement récrite de
l'ouvrage n° 23/72*bis*, avec incorporation des données mycé-
niennes].
187 *Notes de linguistique italique* (*XXX, Une antiquissima vénète: le
bronze de Lozzo Atestino).
REL 49, p. 78-102.
188 *Celtibère et lépontique.*
Dans: *Homenaje a Antonio Tovar* (Madrid, Gredos), p. 265-271.
189 *Inscriptions de Rossano di Vaglio 1971.*
RAL 26, p. 663-684.

1973

190 *Les dérivés italiques en *-tlo-.*
RPh 46, p. 185-191.

191 *Aisu- *«dieu» et la quatrième déclinaison italique.*
BSL 67, p. 129-137.

192 *Un problème de nomenclature: Lépontiens et lépontique.*
SE 40, p. 259-270.

193 *Notes de linguistique italique* (XXXI, Sur l'aspect fédéral du sanctuaire samnite de Calcatello).
REL 50, p. 94-111.

194 *Phonologie osque et graphie grecque, II.*
REA 74, p. 5-13 [rectifications et compléments au n° 173]

195 *Aryballes corinthiens.* (en collaboration avec Pierre Amandry)
BCH 97, p. 189-204.

196 **Mémoires de philologie mycénienne, troisième série (1964-1968).**
Roma, Ateneo (= Incunabula graeca 43), 393 p. [Fait suite aux n°s 93 et 175; réunit les articles n°s 124, 125, 126, 127, 128, 129, 135, 136, 137, 145, 145*bis*, 146, 148, 149, 152, 153, 154, 155, 158, 164; se termine par un index cumulatif des trois tomes].

197 *The Venetic vocabulary of relations between persons.*
JIES 1^3 (= Papers on Italic topics presented to J.W. Poultney), p. 345-351.

198 *Inscriptions de Rossano di Vaglio 1972.*
RAL 27, p. 399-414.

1974

199 *Les épigraphies indigènes du Bruttium.*
REA 75, p. 1-12.

200 *La grande inscription celtibère de Botorrita (Saragosse).*
CRAI 1973, p. 622-647.

201 *Note sur le graffite de la Roche-Maurice (Finistère).*
Annales de Bretagne 80, p. 669-673.

202 *Greek language.*
Dans: *Encyclopaedia Britannica*^{5} (Macropaedia), vol. 8, p. 392-395.

203 **Manuel de la langue vénète.**
Heidelberg, Winter (Indogermanische Bibliothek, Lehr- und Handbücher), 343 p.

204 *Hittite hatrai- et les témoignages italiques.*
BSL 69, p. 63-68.

205 *Langue et civilisation des Lucaniens.*
Dans: *Atti del Convegno di studio su le genti della Lucania antica, Potenza/Matera 1971* (Roma, Collezione meridionale), p. 81-89.

1975

206　*Note sur* εὐθύωρος, ἰθύωρος.
　　　RPh 48, p. 7-9.
207　Δοσμός et ἀπύδοσις.
　　　MH 32, p. 1-11.
208　*Essais de philologie mycénienne* (XIV, Sur l'intitulé de la tablette
　　　pylienne En 609).
　　　RPh 48, p. 247-266.
208bis　*Pierre Chantraine.*
　　　CRAI 1974, p. 626-639.
209　*Les étapes d'une syncope vocalique observées dans une langue
　　　morte* [le vénète].
　　　Dans: *Mélanges linguistiques offerts à Émile Benveniste* (=
　　　Collection Linguistique, 70) (Louvain, Peeters), p. 359-366.
210　*L'investigation des parlers indigènes de Sicile.*
　　　Kokalos 18-19 [= Atti del III Congresso Internazionale di Studi
　　　sulla Sicilia antica], p. 296-307.
211　*Notes de linguistique italique* (XXXII: Carl Pauli et le vénète).
　　　REL 52, p. 95-110.
212　*Le dossier* sarapeda *du scribe 24 de Pylos.*
　　　Minos 14, p. 60-76.
213　*Réflexions sur la phonologie du vocalisme osque.*
　　　BSL 70, p. 233-251.
213bis　*L'inscription de la couronne d'Armento.*
　　　Dans: *Antiche civiltà lucane* [= Atti del Convegno di studi di
　　　archeologia ..., Oppido Lucano, 1970] (Galatina, Congedo), 1975,
　　　p. 92-95.

1976

214　*Ex-voto osque de Vastogirardi.*
　　　RAL 29, p. 579-586.
215　*Le prénom* MARAS *et la première déclinaison osque.*
　　　RPh 49, p. 181-190.
216　*Le mycénien et l'étymologie de* διδάσκω.
　　　Dans: *Scritti in onore di Giuliano Bonfante* (Brescia, Paideia), p.
　　　401-411.
217　*Osque* *frunte<d> «fundāuit» ?
　　　ILing 2, p. 89-95.
218　*Observations sur les inscriptions de Rossano.*
　　　Dans: *Economia e Società nella Magna Grecia* [= Atti del XII
　　　Convegno di studi sulla Magna Grecia] (Napoli, Arte tipografica),
　　　p. 335-337.

219 **L'anthroponymie osque.**
Paris, Les Belles-Lettres (Monographies linguistiques, 2), 160 p.

220 *Un document osque retrouvé: la bague de Capoue Ve 99.*
SE 44 p. 185-186.

221 *Quel celtique dans* δεδεβρατουδεκαντεμ*?*
Dans: *Studies ... offered to Leonard R. Palmer* (Innsbrucker Beiträge zur Sprachwissenschaft) (Innsbruck, Universität), p. 135-151.

222 *Inscriptions de Rossano di Vaglio 1973-1974.*
RAL 30, p. 319-339.

223 *Pré-mycénien et proto-mycénien.*
BSL 71, p. 193-206.

1977

224 Δῶ «maison».
SMEA 17, p. 79-84.

225 *Essais de philologie mycénienne* (XV, En marge des tablettes de Tirynthe).
RPh 50, p. 193-197.

226 *Analyse du dossier pylien Ea.*
Minos 15, p. 81-115.

226bis *Note sur «dormir à Pylos»* [à propos des tablettes PY Pa, Pn].
REG 39, p. 596-598.

226ter *Note sur deux nouvelles inscriptions osques de Pietrabbondante.*
SE 44, p. 289-291.

227 *Les problèmes du* h *vénète.* [article écrit en 1971]
Dans: *Italia linguistica nuova ed antica* [= Studi linguistici in onore di Oronzo Parlangèli] (Galatina, Congedo) I, p. 147-171.

228 *Noms osco-ombriens des eaux, des sources et des fontaines.*
Dans: *Mélanges offerts à Jacques Heurgon* (= Collection de l'École Française de Rome, 27], p. 551-571.

229 *La romanisation des anthroponymes indigènes d'Italie.*
Dans: *L'onomastique latine* [= Colloque international n° 564, Paris octobre 1975) (Paris, Éd. du C.N.R.S.), p. 35-41.

230 *Notes d'étymologie gauloise* (I, Gaulois ροκλοισιαβο; II, Gaulois *uimpi* et *i(m)mi*).
EC 15-1, p. 95-104.

231 *Textes gallo-grecs* (1-4, Bouches-du-Rhône; 5, Ardèche; 6-9, Gard; 9*bis*, Aude; 10-21, Côte-d'Or).
EC 15-1, p. 105-149.

232 *Textes gaulois et gallo-romains en cursive latine* (1-2, Puy-de-Dôme). (en collaboration avec R. Marichal)
EC 15-1, p. 151-171.

233 *Épigraphie gauloise à Coudoux* (B.-du-Rh.).
RAN 10, p. 59-75.

1978

234 *Une bilingue gauloise-latine à Verceil.*
CRAI 1977, p. 582-610.
235 *Vues présentes sur le celtique ancien.*
BAB 64, p. 108-121.
236 *Les chapiteaux de Beaucaire à inscriptions gallo-grecques.*
Dans: *Ugernum* (volume collectif par B. Dedet et al.) (Caveirac,
Association pour la Recherche Archéologique en Languedoc orien-
tal), p. 139-156.

1979

237 *Épigraphie gauloise à Coudoux* (suite).
RAN 11, p. 135-141.
238 *Sur l'alphabet paléo-phrygien.*
ASNP 8, p. 783-790.
239 **Ateste à l'heure de la romanisation** (Étude anthroponymique).
Florence, Olschki (Biblioteca di Studi Etruschi, 11), 142 p.
240 *État présent des études vénètes.*
Dans: *Le iscrizioni pre-latine in Italia* (Accademia Nazionale dei
Lincei, Atti dei Convegni Lincei, 39), p. 29-37.
241 *Sur la fiscalité pylienne Ma.*
Dans: *Colloquium Mycenaeum* (Université de Neuchâtel, Recueil
des travaux publiés par la Faculté des Lettres, 36), p. 147-150.
242 *Note sur les dédicaces de Champoulet.*
CRAI 1978, p. 806-814.
243 *Regards sur les sonores i.e. en vieux-phrygien.*
Dans: *Florilegium Anatolicum* [= Mélanges E. Laroche] (Paris, de
Boccard), p. 219-224.
244 *Notes d'étymologie gauloise* (III, Retour sur ροκλοισιαβο; IV, Le
pilier des Nautes Parisiaques et la 3e personne du pluriel en gaulois).
EC 16, p. 101-116.

1980

245 *Mycénien* to-to *et védique* táttad.
RPh 53, p. 205-214.
245bis [*Notes sur l'amphore inscrite de Montagna di Marzo*].
Kokalos 24, p. 15-16 et 46-51.
246 *Le dossier gaulois* IEVRV.
Dans: *Recherches de linguistique* [= Mélanges Maurice Leroy]
(Bruxelles, Éd. de l'Université), p. 110-118.

247 *La phonologie* [grecque, à la lumière du mycénien]: *l'exemple des labiovélaires.*
   SMEA 20, p. 53-68.
248 *Observations linguistiques sur le nouveau matériel épigraphique de Géla.*
   Dans: Φιλίας χάριν [= Miscellanea in onore di Eugenio Manni] (Roma, Bretschneider), 1979, p. 1311-1315.
249 *Notes d'étymologie gauloise* (V, Les démonstratifs).
   EC 17, p. 51-54.
250 *Textes gallo-grecs* (22-24, Côte-d'Or; 25-45, Nièvre).
   EC 17, p. 55-100.
250bis [*Lat. vulg.* erutabo].
   RAN 12, p. 264.

1981

251 *La dédicace de Martialis à Alise.*
   REA 81, p. 251-260.
251bis *Un Phocéen à Lemnos ?*
   CRAI 1980, p. 600-604.
252 *Celtique continental.* (en collaboration avec P.-Y. Lambert)
   Dans: *Nuovi materiali per la ricerca indoeuropeistica* (a cura di E. Campanile) (Pisa, Giardini), p. 117-123.
252bis *En marge d'une* rīganī *gauloise.*
   CRAI 1981, p. 29-30.
252ter *En marge de la défixion de Montfo.*
   CRAI 1981, p. 51-52.
253 *Étrusque* avil(s): *essai lexical.*
   RPh 55, p. 15-19.

1982

254 *Inscriptions de Rossano di Vaglio 1974-1979.*
   RAL 35, p. 445-466.
255 *Procédures soustractives dans les numérations étrusque et latine.*
   BSL 76, p. 241-248.
256 *La campanienne inscrite de Saint-Blaise et de Saint-Rémy.*
   RAN 14, p. 99-123.
257 *Notes de linguistique italique* (XXXIII, Les six premiers numéraux étrusques; XXXIV, Un nom étrusque de l'alphabet ?; XXXV, Comment translitérer les sifflantes étrusques ?).
   REL 59, p. 69-82.
258 *Notes sur l'anthroponymie* [*des stèles des Bolards*].
   Dans: *La nécropole gallo-romaine des Bolards* (volume collectif par E. Planson et al.) (Paris, Éd. du C.N.R.S.), p. 147-152.

259 *Notes d'étymologie gauloise* (VI, Gaulois ανδοουνναβο; VII, Les noms en -*rigos*).
EC 19, p. 107-119.

1983

260 *Venetica* (XVIII, Dans la plus ancienne épitaphe vénète, *venetikaris* ou *veneti karis* ?).
Latomus 41, p. 732-742.

260bis *Témoignages du gaulois en Poitou.*
CRAI 1982, p. 560-562.

261 *Épigraphie et linguistique italiques: trente ans de collaboration italo-française.*
Dans: *Un trentennio di collaborazione italo-francese* (Accademia Nazionale dei Lincei, Atti dei Convegni Lincei, 54), p. 89-95.

262 *Sur les abécédaires grecs archaïques.*
RPh 57, p. 7-12.

263 *Une nouvelle épitaphe gallo-grecque à Ventabren.*
Gallia 41-1, p. 15.

264 *Le canthare d'Alise.*
MMAI 66, p. 19-53.

265 *Noms grecs et noms indigènes dans l'épigraphie hellénistique d'Entella.*
ASNP 12, p. 787-799.

266 *Rencontres de l'alphabet grec avec les langues barbares au cours du Ier millénaire avant J.-C.*
Dans: *Modes de contact et processus de transformation dans les sociétés anciennes* (Actes du Colloque de Cortona, mai 1981) [Collection de l'École Française de Rome, 67], p. 731-753.

1984

266bis *Pour un fichier des «EBNI» (écritures bizarres non identifiées).*
CRAI 1983, p. 697-701.

266ter *L'âge académique.*
CRAI 1983, p. 519-529.

267 *Notes d'étymologie gauloise* (VIII, Sur la finale d'accusatif -εμ, -εν).
EC 21, p. 129-136.

268 *Vieille-Toulouse et la métrologie ibérique.*
RAN 16, p. 29-37.

269 **Corpus des inscriptions paléo-phrygiennes.** (en collaboration avec Claude Brixhe). I: Texte (XVII-297 p.); II: Planches (CXXXIII pl.).
Paris, A.D.P.F., Éditions Recherche sur les Civilisations (Mémoire 45).

1985

270 *Sur les nasales celtibères.*
AIΩN 5, p. 11-27.
271 **Recueil des inscriptions gauloises: I, Textes gallo-grecs.** (XLVᵉ
Supplément à *Gallia*)
Paris, Éd. du C.N.R.S., XII-459 p.
272 *Deux inscriptions magiques gauloises: plomb de Chamalières,
plomb du Larzac.*
CRAI 1984, p. 703-713.
273 *Sur les légendes monétaires des Gaulois Lixoviens.*
Latomus 44, p. 271-280.
274 *Notes d'étymologie gauloise* (IX, Gaulois *uxedios*).
EC 22, p. 81-87.
275 *Notes d'étymologie gauloise* (X, La première déclinaison celtique).
EC 22, p. 88-94.
276 *Textes gaulois et gallo-romains en cursive latine* (3: Le plomb du
Larzac). (en collaboration avec L. Fleuriot, P.-Y. Lambert, R.
Marichal, A. Vernhet)
EC 22, p. 95-177.
277 *En marge de l'inscription gauloise du Vieil-Évreux.*
Dans: *Fra linguistica storica e linguistica generale* (Scritti
in onore di Tristano Bolelli) (Pisa, Pacini), p. 181-192. [article
dont les épreuves n'ont pas été soumises à l'auteur, et qui est
défiguré par les fautes d'impression; mais voir n° 287 sous
L-16.]

1986

278 **Le plomb magique du Larzac et les sorcières gauloises.**
[Réédition en volume de 276 + 275]
Paris, Éd. du C.N.R.S., 95 p. [1985]
279 *Flexion du participe présent osco-ombrien.*
Dans: *O-o-pe-ro-si* (Festschrift für Ernst Risch) (Berlin, de
Gruyter), p. 598-600.
280 *Méfitis, déesse osque.*
CRAI 1986, p. 202-213.

1987

281 *Un nouveau monument funéraire gallo-grec à Beaucaire.*
Gallia 44-1, p. 62-64.
282 *Notes de linguistique italique* (XXXVI: Inscription osque à Muro
Lucano).
REL 63, p. 50-55.

283 *Pour une histoire interne et externe de l'écriture étrusque.*
   SE 53, p. 145-150.

284 *Le vase de Latumaros (Discussions sur l'alphabet de Lugano).*
   Latomus 46, p. 493-509.

285 Grec τρυγέρανος.
   Dans: Ἥδιστον λογόδειπνον/*Logopédies* [= Mélanges J. Taillardat] (Paris - Louvain: Peeters - SELAF), p. 133-136.

286 *Elles avaient nom* a-qi-ti-ta.
   RPh 61, p. 181-184.

1989

287 **Recueil des inscriptions gauloises: II-1, Textes gallo-étrusques; textes gallo-latins sur pierre.** (XLVᵉ Supplément à *Gallia*).
   Paris, Éd. du C.N.R.S., XIV-196 p. [1988]

288 *Compléments gallo-grecs* (G-501 à G-523).
   EC 25, p. 79-106.

289 *Textes gaulois et gallo-romains en cursive latine* (4, Un Osque chez les Pictons sous Tibère: graffite vasculaire d'Antigny; 5, Graffites gaulois à Limoges).
   EC 25, p. 107-115.

289bis *Inscription ionienne sur une statue-cube de l'Égypte saïte.*
   CRAI 1988, p. 529-530.

290 *Un abécédaire corinthien du Vᵉ s. en Dardanie.*
   Kadmos 28, p. 14-18.

291 *Une transaction commerciale ionienne au Vᵉ s. à Pech-Maho.* (en collaboration avec J. Pouilloux)
   CRAI 1988, p. 526-536.

292 *De surprenants abécédaires.*
   CRAI 1988, pp. 144 et 780.

293 *Graffites gaulois à Limoges.*
   Travaux d'archéologie limousine 9, p. 31-34.

293bis *Les sciences humaines au C.N.R.S.*
   Dans: *Cinquantième anniversaire du Centre National de la Recherche Scientifique* (Paris, Institut de France), p. 19-23.

294 *Lingue e scritture* [dell'Italia antica]. (en collaboration avec D. Briquel)
   Dans: *Italia omnium terrarum parens* (Collection Antica Madre) (Milano, Libri Scheiwiller), p. 433-474.

1990

295 *Notes de linguistique italique* (XXXVII: Mézence, d'un zêta à l'autre).
   REL 66, p. 50-54.

296 **Méfitis, d'après les dédicaces lucaniennes de Rossano.**
Louvain-la-Neuve, Peeters, 100 p. (Bibliothèque des Cahiers de l'Institut de linguistique de Louvain, 51).

297 *Le jeu des abécédaires dans la transmission de l'alphabet.*
Dans: *Atti del Secondo Congresso internazionale etrusco*, III, p. 1285-1291.

298 *Les premiers pas de la déesse Bibracte.*
JS 1990, p. 69-96.

299 *Étrusque et ionien archaïques sur un plomb de Pech-Maho (Aude).*
(en collaboration avec J. Pouilloux, Y. Solier)
RAN 21, p. 19-59.

300 *L'élyme, trente ans après.*
Dans: *Gli elimi e l'area elima* (Atti del seminario di studi, Palermo/ Contessa Entellina, maggio 1989) (Palermo, Società Siciliana per la Storia Patria), p. 339-343.

301 *Notes de linguistique italique* (XXXVIII: Sur la dédicace de Satricum; XXXIX: Génitifs en -*osyo* et génitifs en -ī).
REL 67, p. 60-77.

1991

302 *Note sur l'inscription osque de la Campanella.*
MonAL LII-3 (M. Russo, *Punta della Campanella*), p. 261-263.

303 *Capoue: iovilas de terre-cuite et iovilas de tuf.*
Latomus 49, p. 785-791.

304 *Notes de linguistique italique* (XL: «bois» disait ce Sicule, «je boirai» répond ce Falisque).
REL 68, p. 28-30.

305 *Compléments gallo-grecs* (G-524 et G-525).
EC 27, p. 175-177.

306 *Vénètes de Pannonie.*
CRAI 1990, p. 629-653.

307 *«Un huitième» dans le lexique métrologique grec.*
REG 104, p. 198-201.

1992

308 *Ambiguïtés du texte de Pech-Maho.*
REG 104, p. 311-329.

309 *Venetica* (XIX, L'écriture vénète à la lumière des documents pannoniens).
Latomus 50, p. 785-797.

310 *Sur une dédicace lémovice à Grannos.*
CRAI 1991, p. 193-195.

311 *L'épigraphie vénète de Szentlörinc.*
Dans: *La posizione attuale della linguistica storica nell'ambito delle discipline linguistiche* (Atti dei Convegni Lincei 94; Roma, 26-28 marzo 1991) (Roma, Accademia Nazionale dei Lincei), p. 87-107.

311bis *Vie et travaux de Pierre Chantraine*, 1899-1974 [reprise de 208bis]
Dans: *La langue et les textes en grec ancien* (Actes du Colloque Pierre Chantraine, Grenoble 1989) (Amsterdam, Gieben), p. 7-15.

1993

312 *Sur la translitération du messapien.*
AIΩN 13 [1991], p. 211-231.

313 **Michel Lejeune: notice biographique et bibliographique.**
Louvain, Peeters, 87 p.

314 *D'Alcoy à Espanca: réflexions sur les écritures paléo-hispaniques.*
Dans: *Michel Lejeune: notice biographique et bibliographique* (Louvain, Peeters), p. 53-86.

315 *Notes osques* (I: destrst; II: eestint).
Dans: *Indogermanica et Italica* (Festschrift für Helmut Rix zum 65. Geburtstag) (Innsbruck, Institut der Sprachwissenschaft), p. 264-269.

316 *Le nom de mesure* λίτρα: *essai lexical.*
REG 106, p. 1-11.

317 *«Enclos sacré» dans les épigraphies indigènes d'Italie.*
Dans: *Les bois sacrés* (Actes du Colloque international de Naples, novembre 1989) (Naples, Collection du Centre Jean Bérard, 10), p. 93-101.

SOUS PRESSE

a *Osservazioni e suggestioni sulla trascrizione del messapico.*
Dans: *I Messapi* (Atti del XXX Convegno sulla Magna Grecia: Taranto/Lecce, ottobre 1990)

b *Notes d'étymologie gauloise* (XI, Dîme gauloise ou dîme grecque?; XII, Un verbe de dédicace ειωραι?).
EC 30

c *Compléments gallo-grecs* (G-526 à G-528).
EC 30

d *Gif: naissance d'une discipline.*
Dans: *Atti del II Congresso internazionale di Micenologia* (Roma/Napoli, ottobre 1991)

e *Graffite grec sur une cruche gallo-romaine à Châtillon-sur-Seiche (Ille-et-Vilaine).*
Gallia 50

f   *Nîmes pré-romaine: cultes indigènes.*
    RHR
g   *La dédicace nîmoise de Nertomaros d'Anduze.*
    Documents d'archéologie méridionale 15
h   *Épigraphie celtibère de Contrebia: une nouvelle découverte*
    majeure.
    CRAI 1992
i   *Notes de linguistique italique* (XLI, En marge de la Sententia
    Contrebiensium).
    REL 70, p. 43-55.
j   *Notes d'étymologie gauloise* (XIII, Les Dix-Nuits de Grannos).
    EC 31

INDEX DES PUBLICATIONS

A) *En volume*:

10, **11**, **21**, **23**, **30**, **51bis**, **72bis**, **76**, **93**, **122**, **171bis**, **175**, **186**, **196**, **203**, **219**, **239**, **269**, **271**, **278**, **287**, **293**, **296**, **313**

B) *Dans des périodiques français*:

Annales de Bretagne 174, 201
BCH 195
BSL 1, 2, 3, 4, 7, 32, 34, 35, 58, 68, 82, 104, 117, 123, 129, 139, 150, 165, 181, 191, 204, 213, 223, 255
CRAI 53, 79, 127, 143, 161, 172, 200, 234, 242, 251bis, 252bis, 252ter, 260bis, 266bis, 266ter, 272, 280, 289bis, 291, 292, 306, 310, h
Documents d'archéologie méridionale g
EC 159, 171, 230, 231, 232, 244, 249, 250, 259, 267, 274, 275, 276, 288, 289, 305, b, c, j
Et Class [Aix-en-Provence]178
Français moderne (*Le*) 28
Gallia 263, 281, e
JS 298
MMAI 162, 264
RAN 233, 237, 250bis, 256, 268, 299
REA 13, 16, 17, 22, 24, 25, 26, 29, 45, 47, 48, 54, 62, 63, 73, 78, 92, 97, 101, 108, 109, 115, 126, 146, 169, 170, 173, 194, 199, 251
REG 5, 14, 33, 98, 112, 116, 128, 147, 226bis, 307, 308, 315
REL 20, 36, 37, 38, 49, 50, 51, 57, 69, 90, 105, 113, 134, 140, 151, 157, 167, 187, 193, 211, 257, 282, 295, 301, 304, i
Revue de l'enseignement supérieur 144
RHR f
RPh 6, 15, 18, 31, 41, 46, 72, 80, 84, 94, 99, 107, 111, 125, 133, 153, 177, 179, 190, 206, 208, 215, 225, 245, 253, 262, 286
Travaux d'archéologie limousine 293

C) *Dans des périodiques étrangers*

AAPat 142
AFLT 130
AIΩN 270, 312
AIV 67
ASNP 238, 265

Athenaeum 64, 164
BAB 235
BN 148
Historia 96, 106
ILing 217
JIES 197
Kadmos 168, 290
Kokalos 180, 210, 245bis
Latomus 52, 56, 61, 65, 131, 138, 141, 183, 260, 273, 284, 303, 309
MAL 182
MH 207
Minos 74, 85, 86, 102, 145, 152, 184, 212, 226
MonAL 302
Nestor 115bis
PP 100, 114, 124, 132, 166
RAL 60, 189, 198, 214, 222, 254
SE 39, 40, 55, 95, 192, 220, 226ter, 283
SMEA 135, 145bis, 163, 224, 247
SSL 176
Word 42, 71
Zephyrus 43

D) *Dans divers recueils*

Mélanges: 12 (A. Ernout), 13 (G. Radet), 66 (A. Debrunner), 70 (F.
  Sommer), 77 (M. Niedermann), 83 (J. Whatmough), 103 (G.
  Dumézil), 110 (A. Grenier), 121 (J. Bayet), 156 (M. Renard), 164
  (P. Meriggi), 185 (P. Chantraine), 188 (A. Tovar), 197 (J. W.
  Poultney), 209 (E. Benveniste), 216 (G. Bonfante), 221 (L.R.
  Palmer), 227 (O. Parlangèli), 228 (J. Heurgon), 243 (E. Laroche),
  246 (M. Leroy), 248 (E. Manni), 277 (T. Bolelli), 279 (E. Risch),
  285 (J. Taillardat), 315 (H. Rix)
Actes: 44, 75, 81, 91, 118, 119, 120, 136, 137, 154, 155, 158, 160, 184,
  205, 210, 218, 229, 240, 241, 261, 266, 297, 300, 311, 311bis, 317,
  a, d
Autres recueils: 8, 9, 19, 27, 59, 87, 88, 89, 149, 202, 236, 252, 258,
  293bis, 294, 314

INDEX DES MATIÈRES

C) GREC ANCIEN [voir aussi: D) Mycénien]

Généralités: 143, 202
Phonétisme: 7, 16, **23**, **72bis**, 169, **186**, 223, 247
Accentuation: 13, 18, **21**
Morphologie: 1, 2, **10**, 12, 31
Syntaxe: 15, 66
Lexique et étymologie: 33, 104, 117, 185, 206, 216, 224, 285, 307, 316, g
Dialectes: en général: 6, 15, 22-III, 29; cypriote: 3, 68; ionien: 179, 251bis, 289bis, 291, 299, 308; thessalien: 14, 22-II; dorien: 7, 17, 22-III, 24, 180, 195; parlers du Nord-Ouest: 4, 5, 11, 12, 22-III, 22-IV
Grec barbarisé: 213bis
Onomastique: 265, 286

D) MYCÉNIEN

Recueils: **93**, **175**, **196**
Instruments de travail: **122**
Généralités: 63, 72-I, 73-I, 79, 91, 120, 127, 146, d
Lectures: 74, 75, 85, 86, **93**-X, **93**-XIII, **93**-XV, 98, 111, 112, 119, 125-X, 135, 136, 145, 184, 226bis
Phonétisme: **93**-XIV, 102, 146, 155, **186**, 223, 247
Morphologie: 82, 92, **93**-XI, 94-IV, 94-V, 99, 107, 109, 125-IX, 129-I, 129-II, 153-XI, 153-XII, 153-XIII, 165, 216, 245
Vocabulaire: 85, **93**-XII, 104, 114, 115bis, 116, 118, 124, 145bis, 148, 158, 164, 185, 216, 224
Onomastique: 124, 286
Dialecte: 154
Études d'inventaires: 72-II, 73-II, 80, 81, 97, 100, 137, 152, 208, 212, 225, 226, 226bis, 241, 245
Institutions: 96, 103, 106, 126, 149, 207

E) LANGUES I.E. D'ITALIE [voir aussi: F) Vénète, G) Celtique]

"Italique": 19, 36, 37, 191, **203**-VIII, 294, 301
Latin: 19, 20-I[a], 20-I[b], 36, 37, 38, 48, 49, 70, 90, 110, 113-XVI, 140-D, 150, 151-XXII, 204, 250bis, 255, 301, i
Falisque: 37, 48, 51, 70, 90, 113-XVI, 140-C, 150, 301, 304
Parlers centraux: 48, 191
Osque: 32, 37, 50, 70, 90, 113-XVI, 113-XVIII, 121, 123, 140-G, 140-H, 150, 151-XXIII, 151-XXIV, 156, 157-XXVI, 166, 172, 173, 182, 189, 190, 191, 193, 194, 198, 205, 213, 214, 215, 217, 218, **219**, 220, 222, 226ter, 228, 229, 254, 264, 265, 279, 280, 282, 289, **296**,

302, 303, 315, 317; en particulier, épigraphie de Rossano di Vaglio:
121, 151, 166, 172, 182, 189, 198, 205, 218, 222, 228-III, 254, 261,
280, **296**
Ombrien: 37, 70, 90, 113-XVI, 140-G, 150, 156, 157-XXV, 157-XXVI,
190, 191, 228, 279
"Ascolien" (= sud-picénien): 37, 113-XVI, 140-F, 150
Bruttien: 199, 301
Sicule: 37, 140-A, 180, 210, 301, 304
Élyme: 161, 167, 176, 210, 255, 300
Messapien: 140-A, 301, 312, a
Ligure: **171**-VII, 192, 317

F) VÉNÈTE

Description: **203**
Généralités: 41-I, 53, 56-I, 56-II, 61, 65-V, 65-VII, 130, 211, 240, 261,
306
Graphisme: 41-II, 41-V, 42, 84, 89, 90, 113-XVI, 133-XII, 133-XIII,
134-XX, 138-VIII, 138-IX, 140-E, 141-XIV, 181, 211, 227, 306,
309, 311
Phonétisme: 37, 42, 58, 105-XIV, 133-XII, 142-II, 142-VI, 183-XVII,
209, 227
Morphologie: 46-VII, 138-XI, 139, 142-V, 183-XVI, 190, 301
Syntaxe: 46-VII, 46-IX
Lexique: 34, 35, 41-III, 41-IV, 41-VI, 46-X, 58, 150, 191, 197, 204, 306
Anthroponymie: 71, 138-X, 142-I, 142-III, 142-IV, 142-V, 229, **239**,
306
Éditions et interprétations de textes: 40, 45, 46-VIII, 47, 52, 54, 57,
60, 62, 64, 65-VI, 67, 69, 83, 105-XV, 131, 132, 134-XIX, 138-
XII, 141-XIII, 142-VII, 177, 183-XV, 187, 260, 306, 309, 311,
317

G) CELTIQUE CONTINENTAL

Généralités: 188, 235, 252
Celtibère: 37, 43, **76**, 188, 200, 270, 301, h, i
Lépontique: 88, 90, 140-A, **171bis**, 188, 192, 284, 301
Gaulois: 37, 77, 78, 159, 162, 171-III, 171-IV, 174, 178, 201, 221, 230,
231, 232, 233, 234, 236, 237, 242, 244, 246, 249, 250, 251, 252bis,
252ter, 256, 258, 259, 260bis, 262, 263, 264, 266, 267, 268, **271**,
272, 273, 274, 275 + 276 = **278**, 277, 281, 285, **287**, 288, 289, 293,
298, 301, 305, 310, 317, b, c, f, g, j; en particulier, gaulois cisalpin:
77, 171-III, 171-IV, 234, **287**, 317

H) LANGUES NON I.E.

"Préhellénique": 65, 158
Étéocrétois: 26
Lemnien: 160, 251bis
Étrusque: 55, 87, 90, 95, 113-XVI, 113-XVII, 134-XX, 140, 147, 148, 160, 253, 255, 257, 283, 291, 295, 297, 299
Rétique: 39, 140-A, 150
"Novilarien" (= nord-picénien): 113-XVI, 140-A
Sicane: 210, 245bis, 248
Ibère et tartessien: 101, 115, 268, 314

I) DIVERS

8, 9, 27, 28 (chanson française), 44, 59, 108, 144, 208bis, 266ter, 293bis, 311bis, **313**

Michel LEJEUNE

D'Alcoy à Espanca:
Réflexions sur les écritures paléo-hispaniques

D'ALCOY À ESPANCA:
RÉFLEXIONS SUR LES ÉCRITURES PALÉO-HISPANIQUES*

GÉNÉRALITÉS

1. De province côtière en province côtière depuis le Portugal méridional (Bas Alentejo et Algarve) jusqu'au Languedoc occidental (voir Fig. 1), se manifestent au -Ier millénaire trois grandes variétés d'une écriture «hispanique», variétés manifestement apparentées entre elles: même singulière typologie (alphabétique pour voyelles et consonnes continues, syllabique pour les occlusives) et de plus, partiellement au moins, signes de pareil tracé avec même valeur (voir tableau[37] Fig. 2). Évitant de désigner ces systèmes graphiques en termes ethniques (tartessien, bastule, turdétan, ibère, etc.), on suivra ici l'usage prudent (aujourd'hui quasi général) de leur assigner des étiquettes géographiques: SW, SE, NE.

L'opinion désormais la plus répandue est que l'écriture hispanique, instaurée originellement sans doute au -VIIe siècle[38] dans le Sud-Ouest de la péninsule pour noter une langue X_1, a été ensuite empruntée et adaptée dans le Sud-Est pour noter une langue X_2, puis à nouveau empruntée et adaptée, au plus tard[39] au -Ve siècle, pour noter l'ibère (en gros, de la région d'Alicante à celle de Béziers); à la différence de SW et SE, qui sont sinistroverses, cette troisième variété (NE) est dextroverse. Ultérieurement enfin (à la fin du -IIIe siècle?) les Celtibères de la Meseta orientale apprennent à écrire de leurs voisins ibères et adaptent à leur usage l'écriture NE: d'où une quatrième variété (NE^{bis}), sur quoi voir §§ 7-11. — Sur les langues ainsi notées, on a aussi quelques informations épigraphiques latérales en d'autres écritures: pour l'ibère, au

---

* La conférence prononcée à Louvain le samedi 23 mai 1992 traitait plus rapidement d'un sujet plus vaste: *Langues et écritures de l'Hispanie pré-romaine.* L'article ici présenté propose de certaines des questions alors abordées une discussion plus développée et plus technique.

[37] Ce tableau aménage ceux d'Untermann (voir § 2) *MLH* III^I p. 141 et 245. Nous en avons éliminé les lettres du SE et du SW d'identification seulement possible ou franchement douteuse; éliminé aussi les lettres Ψ et Υ du NE, lesquelles n'ont pas en ibère statut phonologique (mais voir § 9 sur leurs avatars celtibères). Dans la colonne des translitérations nous avons préféré la formulation i̯/i à i et u̯/u à u: elle répond à l'usage effectif des inscriptions (emplois aussi bien antévocaliques qu'antéconsonantiques) et d'autre part elle sera à prendre en compte quand on discutera (voir § 18) des origines de l'écriture hispanique.

[38] Des environs de -600 date un fragment de stèle de Villamanrique de la Condesa, conservé au Musée de Séville.

[39] Sont assignables au -Ve siècle des graffites ibères d'Ullastret (près de Gérone) et d'Ensérune (près de Béziers).

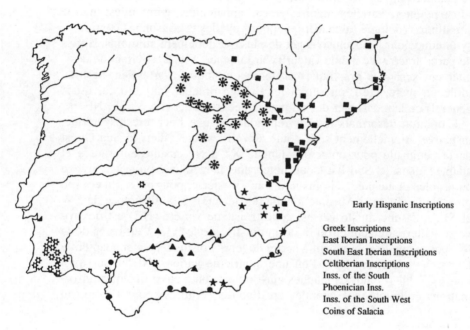

Fig. 1
Sites épigraphiques pré-romains (DE HOZ 1991, p. 679).

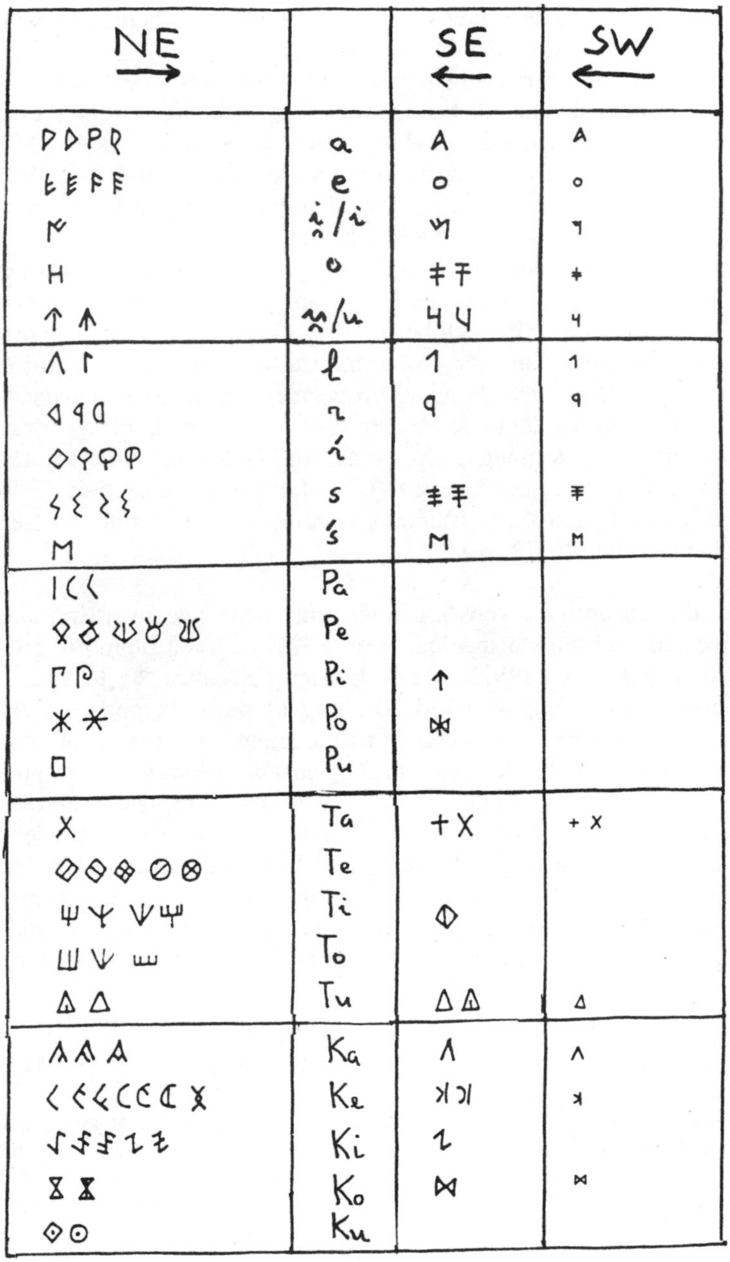

NE →		SE ←	SW ←
⊳⊳⊳	a	A	A
ᚨ	e	o	o
	i / i		
H	o		
↑ ↑	u / u		
	ł		
	z		
	í		
	s		
	ś	M	M
	Pa		
	Pe		
	Pi		
	Po		
	Pu		
X	Ta	+X	+X
	Te		
	Ti		
	To		
Δ Δ	Tu	Δ Δ	Δ
ʌ ʌ ʌ	Ka	ʌ	ʌ
	Ke		
	Ki		
	Ko		
	Ku		

Fig. 2
Inventaire des lettres NE (avec leurs variantes) et des lettres SE et SW
d'identification certaine.

-IVe siècle, en caractères grecs (§§ 4-6); pour le celtibère, peu avant et après notre ère, en caractères latins (§ 11).

Les variétés de l'écriture hispanique nous sont très inégalement accessibles. La mieux connue, de beaucoup, est celle du NE (en fait, la moins ancienne), illustrée par l'épigraphie la plus abondante. C'est d'elle qu'a pris son départ (en 1922) le déchiffrement de Gómez-Moreno[40], les écritures du Sud n'ayant été traitées par le même savant que quarante ans plus tard[41], avec des résultats moins décisifs.

Les langues pré-romaines de la péninsule sont, elles aussi, très inégalement connues. Les plus accessibles sont celles, justement, que nous livre l'écriture du NE: celtibère (enrichi par le récent apport de Botorrita[42] et approchable par la grammaire comparée du celtique); ibère (sans parenté démontrée et encore proprement indéchiffré, mais susceptible[43] d'un efficace début de description). En revanche nous ne savons pratiquement rien des langues X_1 et X_2 pour lesquelles ont été faites les écritures SW et SE; nous apercevons seulement tel ou tel trait distinctif de leur phonologie (p. ex. systèmes vocaliques à six termes, en regard des cinq voyelles de l'ibère).

2. Le *titre* du présent exposé se réfère aux deux découvertes majeures relatives aux écritures hispaniques: en 1921, celle du plomb ibéro-grec d'Alcoy (§§ 4-6); en 1987, celle du lettrier d'Espanca (§§ 12-24).

L'*actualité* de l'exposé réside d'une part dans l'apport tout récent d'Espanca; d'autre part dans l'avancement du magistral corpus d'Untermann (*MLH= Monumenta linguarum hispanicarum*), voué à faire autorité pour le siècle à venir. N'y sont encore disponibles, outre les légendes monétaires de toute provenance (I[I] et I[II], 1975), que les inscriptions ibères de France (II, 1980) et d'Espagne (III[I] et III[II], 1990). Il faudra attendre le t. IV pour y trouver notamment[44] l'épigraphie du SW et l'épigraphie celtibère. La carte d'Untermann (notre Fig. 3) situe (en les distribuant en zones: B-H) les inscriptions ibères de graphie NE

---

[40] GÓMEZ-MORENO 1922.

[41] GÓMEZ-MORENO 1962.

[42] Grand bronze opisthographe issu des fouilles d'avril-mai 1970 à Botorrita (antique Contrebia Belaisca) à une vingtaine de km au Sud de Saragosse. Très abondante bibliographie (dont LEJEUNE 1974). Consulter l'édition BELTRÁN, TOVAR 1982. Un nouveau bronze celtibère bien plus considérable que celui de 1970, mais à ce jour encore inédit, est issu en octobre 1992 des fouilles de Botorrita.

[43] À l'heure présente, la meilleure introduction «philologique» à l'ibère est le t. III[I] (1990) de *MLH* (voir § 2), qui traite de la phonologie en liaison avec la graphie, de la morphologie, des formulaires épigraphiques, de la structure des anthroponymes.

[44] Outre nos quelques inscriptions en langue lusitanienne et caractères latins, sur quoi voir TOVAR 1967.

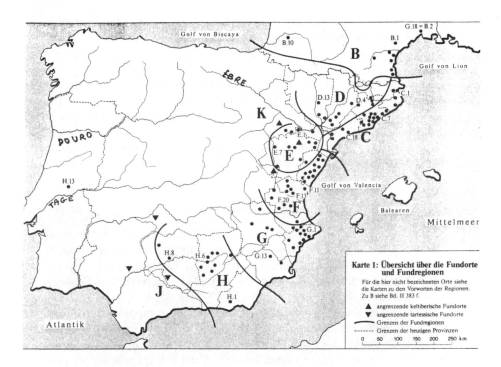

Fig. 3
Sites (*MLH* III¹, p. 239) des inscriptions ibères non monétaires.

(zones B-G) ou SE (zones G-H). Elle ne fait allusion aux domaines SW et celtibère qu'en indiquant (par les points J et K) leurs extrêmes avancées vers l'Est; mais cf. Fig. 1 et Fig. 6.

3. Dans toutes les variétés d'écriture hispanique existent (chacune, à cinq ou six termes vocaliques) trois séries de syllabogrammes, à attaque respectivement labiale, dentale, dorsale, sans que rien vienne marquer si l'occlusive est sourde ou sonore. De la coexistence de cet agencement avec l'emploi de signes alphabétiques pour les autres consonnes et pour les voyelles naissent divers problèmes, à plusieurs niveaux chronologiques.

a) Au niveau de l'institution du système.

Comment son initiateur, qui connaissait l'alphabet (sémitique et/ou grec), a-t-il été amené à recevoir (s'il y a eu emprunt) ou encore à concevoir (s'il y a eu invention) cette formulation syllabique pour les occlusives? Question sans réponse, mais sur laquelle la découverte d'Espanca apporte quelques lumières nouvelles (§§ 12-24).

Il convient en tout cas, dans cette discussion, de se rappeler que l'écriture hispanique a été créée pour une langue X_1 dont nous ignorons à peu près tout. Se garder donc de fonder nos appréciations sur ibère et celtibère, mieux connus: car ces deux langues n'ont fait qu'adapter un système graphique préexistant.

b) Au niveau du fonctionnement.

En ibère (que nous connaissons *aussi* en alphabet grec: §§ 4-6) et en celtibère (que nous connaissons *aussi* en alphabet latin: § 11) jouait (du moins pour les occlusives dentales et dorsales) la corrélation de sonorité /t/ ~ /d/, /k/ ~ /g/. Les deux langues admettaient des occlusives en fin de mot[45]. En outre, en celtibère du moins, existaient dans le mot des séquences tautosyllabiques d'occlusive + liquide[46]. Enfin la phonologie celtibère comportait (limitée à la sourde) une quatrième série d'occlusives, la série labiovélaire. Toutes ces difficultés, que nous apercevons, ou bien n'étaient pas, semble-t-il, ressenties comme telles (ainsi pour l'opposition de sonore à sourde) ou bien ont été palliées par des procédures orthographiques appropriées. Au long de plus d'un demi-

---

[45] Recours, alors, à un syllabogramme de vocalisme conventionnel (pour le celtibère, *-e* ou *-i*, sans qu'à ce jour nous puissions le préciser avec certitude).

[46] Trois solutions possibles, observables en celtibère. Ainsi, pour le toponyme Contrebia, *KonTeŕePia (non attesté), KonTeŕPia, *KonTePia (impliqué par l'ethnique KonTePaKom). Première solution, pour le toponyme Clounia, dans l'ethnique KolounioKu. Etc.

millénaire, il n'y a pas eu de phénomène de rejet. Symptomatique à cet égard est l'échec de la tentative ibéro-grecque (§§ 4-6).

Tout au plus peut-on signaler en celtibère deux démarches dans le sens d'une désyllabation. — L'une, contemporaine de l'adoption même de l'écriture et commune à tout le celtibère, est restreinte aux emplois antévocaliques du syllabogramme Ku: c'est ainsi en effet qu'a été notée l'occlusive labiovélaire (p. ex. enclitique monosyllabique -Kue «et»; etc.): la lettre Ku fonctionne là comme n'importe quel signe alphabé-tique de consonne. — L'autre manifestation paraît récente (-Ier siècle?) et demeure sporadique (ses localisations étant d'ailleurs significatives: § 10). Il s'agit de graphies redondantes du type Paa, Tuu, Koo, etc. expli-citant un début d'analyse du syllabogramme dont seule l'attaque occlu-sive demeure alors pertinente[47]. [Sur la redondance dans l'orthographe SW, voir § 23a]

c) Au niveau de la philologie moderne.

Il se pose deux problèmes de translitération, non solidaires l'un de l'autre.

Le premier concerne toute occlusive: doit-on ou non expliciter de quelque façon la présence d'un syllabogramme? Notre réponse demeure: oui. Tout lecteur non spécialiste ne connaît pas nécessairement la règle du jeu; il faut qu'un signal, quel qu'il soit, l'avertisse que la nature sourde ou sonore d'une occlusive n'est pas une donnée immédiate du texte, mais affaire d'interprétation. Pour un tel signal nous proposons, dès longtemps[48], l'usage de majuscules à l'initiale des syllabogrammes (P-, T-, K-).

Le second problème est particulier à la labiale. Le hasard fait que le phonétisme de l'ibère et celui du celtibère ignorent l'un et l'autre la sourde /p/; d'où le parti, souvent adopté (ainsi encore Untermann), d'afficher en b- cette série (les deux autres l'étant en t- et k-). Parti que, dès longtemps aussi[49], nous contestons. D'une part parce qu'il s'agit d'archigraphèmes ambivalents, pour lesquels il est normal de choisir le symbole non marqué (signe de sourde), quelles que soient les réalisations effectives. D'autre part, parce que (les yeux fixés sur ibère et celtibère) on oublie que l'écri-ture hispanique, avec ses syllabogrammes, a été instituée pour une langue X_1, où nous ne savons pas comment jouait la corrélation de sonorité. À partir de là, pour toutes les écritures hispaniques qui en dérivent, l'ambi-guïté à cet égard dans les translitérations est à recommander.

---

[47] Voir *Celtiberica*, p. 43-45.
[48] Dès *Celtiberica* (1955).
[49] Dès *Celtiberica* (1955).

LA TENTATIVE IBÉRO-GRECQUE

4. Il existe (soit textes longs sur plomb, soit graffites céramiques) un certain nombre d'inscriptions en langue ibère et alphabet grec, toutes datables du -IVe siècle, toutes cantonnées (Fig. 4) dans la zone G d'Untermann (Alicante, Murcie), zone où par ailleurs se font concurrence les écritures hispaniques NE et SE. Ces documents «ibéro-grecs» ont été découverts: à partir de 1921, au voisinage[50] d'Alcoy, à une quarantaine de km N d'Alicante; à partir de 1931, à Campello (site G.9), à une dizaine de km N d'Alicante; en 1948 (document isolé), au Cigarralejo près de Mula (site G.13) à presque une centaine de km SW d'Alicante (et à une trentaine de km W de Murcie). Encore inédit, un nouveau plomb ibéro-grec vient d'être trouvé dans la province de Murcie[51], tirant de son isolement géographique celui du Cigarralejo.

Cette écriture grecque est toujours dextroverse. Elle a emprunté au modèle hispanique l'usage de séparer les mots par des interponctions. Elle lui a emprunté aussi son style graphique (bien différent de celui qu'on observe, par exemple, sur les plombs grecs d'Ampurias et Pech-Maho au -Ve siècle: voir Fig. 12). Elle est manifestement tributaire de celle qu'elle vise à remplacer.

D'ailleurs (au cas près des occlusives) même inventaire[52] de signes qu'en graphie hispanique (les tracés seuls différant: voir Fig. 5): cinq voyelles (α, η, ι, ο, υ), une nasale (ν), trois liquides (λ, ρ, ρ́), deux sifflantes (σ, ϻ). Le nouveau système épouse l'analyse phonologique qui sous-tend le précédent, quitte à se doter, si besoin, de signes nouveaux: d'une part en ressuscitant (§ 5) la «lettre morte» ϻ, d'autre part en flanquant ρ d'un doublet diacrité ρ́. — La seule innovation du système concerne les occlusives: cinq lettres (β, δ, γ, κ, τ) en regard des quinze syllabogrammes hispaniques.

Nous donnons ci-dessous (dans l'ordre qui a dû être celui de l'abécédaire ibéro-grec) les transcriptions en minuscules grecques des seize lettres, et leurs translitérations latines entrées dans l'usage des éditions (*MLH* compris):

---

[50] Localités La Serreta (G.1), El Puig (G.2), Benilloba (G.3), Els Barradels (G.4); voir carte Fig. 4.

[51] À Coimbra del Barranco Ancho, à mi-chemin entre Alcoy et Mula (J. de Hoz, per litteras). — De plus un nouveau plomb ibéro-grec vient d'être trouvé sur le territoire communal de Sagonte (mais fortuitement et sans contexte archéologique), et publié par D. Fletcher Valls et L. Silgo Gauche dans *Arse* 26 (Sagonte, 1991); mais l'authenticité en est contestée.

[52] Nous ne possédons pas d'abécédaire ibéro-grec. Mais nos textes sont de suffisante longueur (plus de 300 lettres en G.1.1; plus de 200 en G.13.1; etc.) pour que nous soyons assurés de connaître en entier ce répertoire.

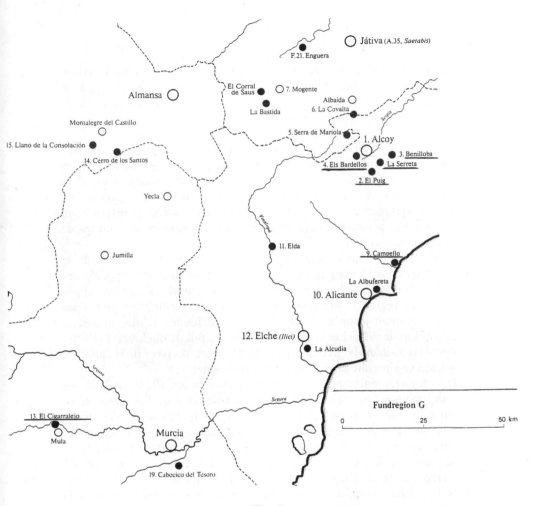

Fig. 4
Sites ibéro-grecs (noms soulignés) d'après la carte *MLH* III[II], p. 560-561.

α β γ δ η ι κ λ ν ο ρ σ τ υ Ͳ ρ́
a b g d e i k l n o ŕ ś t u s r

On voit comment cette translitération est (irrémédiablement?) malencontreuse pour les liquides et les sifflantes: le «ŕ» ibéro-grec est de même tracé que le r (non le ŕ) hispanique; le «ś» ibéro-grec est de même tracé que le s (non le ś) hispanique.

5. La présence de Ͳ dénonce le modèle comme ionien d'Asie: sporadiquement et optionnellement, cette lettre, dont nous ignorons le nom ancien[53], a servi à noter une affriquée sourde (ou ses avatars), entre -550 et -450 environ, à Érythrées, à Téos, à Éphèse, à Cyzique (colonie de Milet), à Halicarnasse etc[54]. Elle avait été empruntée, peut-être[55] au carien, dans la première moitié du -VIe siècle, et ajoutée alors en queue de l'abécédaire ionien[56].

Il suit de ces données que c'est aux Phocéens de Marseille et de la Méditerranée occidentale qu'est probablement assignable le modèle qui a inspiré l'ibéro-grec. Sans, pour autant, qu'il soit nécessaire de supposer dans la région d'Alicante quelque important comptoir grec dont l'existence aurait jusqu'ici échappé aux archéologues. L'idée première, l'élaboration, la diffusion initiale ont pu être le fait de quelque(s) clerc(s) indigène(s) sachant le grec, dans une école ibère du pays d'Alicante; le problème se situerait alors à un niveau personnel.

Des données épigraphiques ioniennes concernant Ͳ, il ne faut pas inférer, comme l'ont fait certains, que la naissance de l'écriture ibéro-grecque devrait au moins remonter à la première moitié du -Ve siècle. Car le modèle a été non l'alphabet pratique, celui que mettent en œuvre les inscriptions, mais l'alphabet théorique dont est porteur l'abécédaire. Et cet abécédaire ionien d'Asie, bien que nous n'en ayons pas encore d'exemplaire épigraphique[57], nous avons la chance de le connaître à travers l'écriture numérique milésienne, instituée probablement dans la seconde moitié du -VIe siècle et demeurée ensuite plusieurs siècles en

[53] La désignation (qui se veut descriptive du tracé) σανπεῖ («quasi-π») est de date byzantine, et sans autorité pour les périodes anciennes. Il est probable que le signe portait un nom acrophonique (*$tsī$, vel sim.), lequel est resté associé à la lettre, une fois «morte», dans l'abécédaire, et a servi de médiateur à sa résurrection au -IVe siècle quand on a été en quête d'une notation ibéro-grecque de sifflante forte.

[54] Cf. Lejeune 1972, p. 79 n. 3, p. 90 n. 8. Si nous manquons d'exemple pour Phocée, c'est à cause de l'extrême indigence de son épigraphie archaïque.

[55] Autre hypothèse (emprunt au phrygien) chez Brixhe 1982, p. 216 sqq.

[56] Après l'oméga qui, par différenciation de l'omicron, a été, lui, créé au -VIIe siècle.

[57] Cf. Lejeune 1983^{a}.

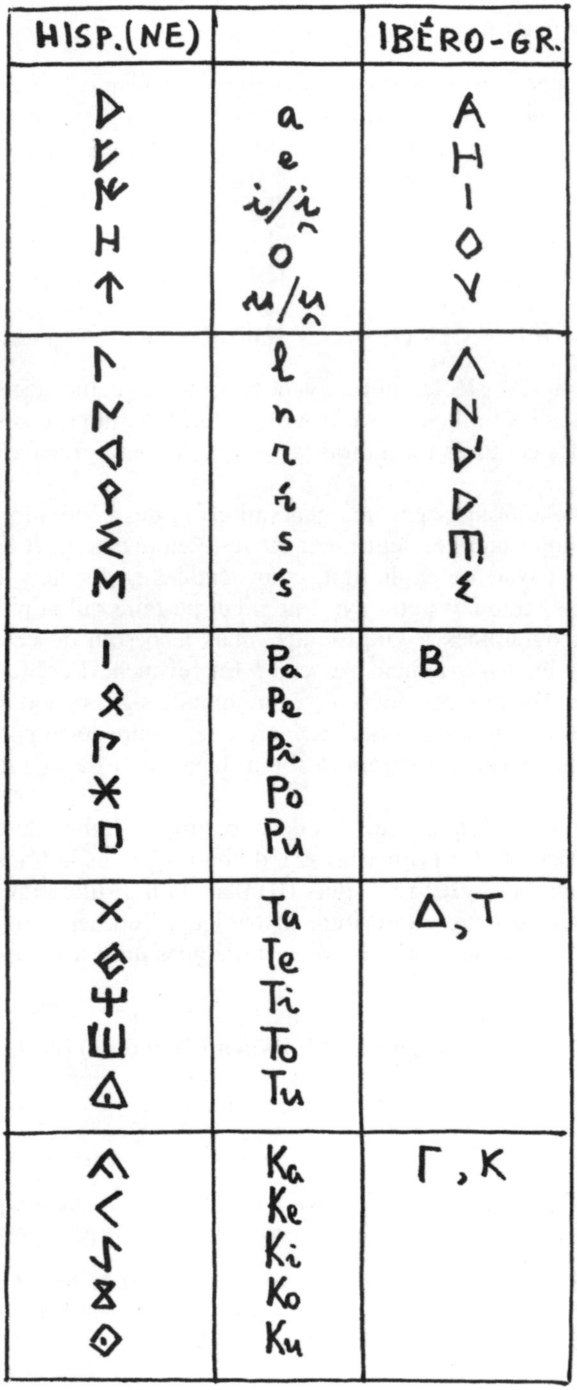

HISP.(NE)		IBÉRO-GR.
▷ ⴹ Ⲩ Η ↑	a e i/ì o u/ü	A H I O Y
Γ ⋀ ◁ ◊ Ϻ	l n r/ŕ s/ś	⋀ Ⲛ ◁ Ⲙ ξ
I ⴼ Γ ✳ ⴱ	Pa Pe Pi Po Pu	B
✕ ⴲ Ψ ⴱ ◁	Ta Te Ti To Tu	Δ, T
⋀ ⟨ ⵝ 𐌏 ◇	Ka Ke Ki Ko Ku	Γ, K

Fig. 5
Répertoires hispanique (NE) et ibéro-grec.

usage. Nous le rappelons ci-dessous[58], tel que les Ibères ont pu le connaître vers -400 et s'en inspirer:

α	ι	ρ
β	κ	σ
γ	λ	τ
δ	[μ]	υ
[ε]	ν	[φ]
[*ϝ]	[ξ]	[χ]
[ζ]	ο	[ψ]
η	[π]	[ω]
[θ]	[ϙ]	*ⱶ

6. Née vers le début du -IVe siècle, morte avant la fin de ce même siècle, impuissante à dépasser les limites de sa province d'origine, impuissante là même à éliminer les écritures hispaniques, l'aventure ibéro-grecque a tourné court.

Nous sommes si conditionnés par des générations et des générations d'alphabétisme que notre premier sentiment est ici d'étonnement. Il est de fait que le nouveau système explicitait, pour dentales et dorsales, la corrélation de sonorité (ce que l'autre système n'eût pu faire qu'en passant de quinze syllabogrammes à vingt-cinq); mais le besoin de cette distinction graphique était-il vraiment ressenti? En revanche l'écriture hispanique avait pour elle une considérable économie de signes; non au niveau de son répertoire (vingt-six lettres à apprendre, contre seize pour l'ibéro-grec), mais au niveau (qui importe bien davantage) de la pratique.

À titre d'exemple, nous donnons ici les deux premières lignes de la face B du plomb d'Alcoy G.1.1 (voir Fig. 12), d'abord (I) dans la translitération du document ibéro-grec réel, puis (II) dans la translitération[59] de ce que serait le même texte en écriture hispanique, l'une et l'autre fois en indiquant après chaque mot le nombre des signes qu'il a requis:

I

iunstir (7) śalirg (6) baśiŕtiŕ (8) sabaŕildai (9) birinaŕ (7) guŕś (4) boiśtingiśdid (13) | ...

---

[58] Astérisque pour les lettres qui, vers 400, étaient depuis plus ou moins longtemps «lettres mortes» en ionien d'Asie. Crochets droits pour les lettres non retenues dans l'adaptation ibéro-grecque.

[59] On n'est pas sûr des pratiques orthographiques hispaniques pour les occlusives en fin de mot. Arbitrairement, nous les avons ici supposées traitées par syllabogrammes en -e. Cela est, bien entendu, sans incidence sur les décomptes ici proposés.

*II

iunsTir (6) śalirKe (6) PaśiŕTiŕ (6) saPaŕilTai (7) Pirinaŕ (6) Kuŕś (3)
PoiśTinKiśTiTe (9) I ...

Sur ce court segment, la solution *II (total: 43), par rapport à la solution
I (total: 54), réaliserait une économie de 11 signes, soit environ 20%.
Outre le poids même de la tradition, l'écriture hispanique conservait
donc en sa faveur de solides atouts.

LEÇONS DU DOSSIER CELTIBÈRE

7. Mal datées, mais appartenant probablement presque toutes aux -IIe et
-Ier s., les inscriptions celtibères en écriture hispanique sont pour la plu-
part fort brèves, mais comprennent aussi un texte de deux douzaines de
mots (bronze de Luzaga), un autre (capital désormais) de presque deux
centaines de mots (bronze de Botorrita; voir de plus n. 42).

Ce dossier est précieux pour les linguistes à qui il apporte la troisième
composante connue (avec lépontique et gaulois) du celtique continental.

Mais il est précieux aussi (quoique situé, chronologiquement, en bout
de chaîne, § 1) pour l'historien des écritures hispaniques; cela, à trois
égards.

8. Première leçon.

Il y a eu un peuplement celtique de la moitié, environ, de la péninsule
(centre et ouest) que révèle la toponymie; par exemple (Fig. 6), par
l'extension des noms de cités en -*briga*. Mais (approximativement repor-
tée par nous sur la même carte par des hachures) l'aire des inscriptions
en langue celtibère[60] (de l'ordre de 300 x 150 km) n'occupe qu'une
faible portion de la Celtie toponymique: elle est limitée à l'immédiat
voisinage des Ibères d'entre Èbre et Jucar, ceux qui ont été les maîtres à
écrire des Celtibères.

On se retrouve devant une situation de propagation restreinte, ana-
logue (mutatis mutandis) à celle qu'on constate pour l'écriture nord-
étrusque des Celtes d'Italie autour de Côme[61] ou pour l'écriture grecque
des Celtes de Gaule au voisinage de Marseille[62]. Encore ici devra-t-on
prendre en compte un facteur chronologique: plusieurs siècles, témoins
de divers mouvements de populations, ont dû s'écouler entre les fonda-
tions des cités en -*briga* et l'épisode graphique celtibère.

---

[60] En y incluant les inscriptions rupestres de Peñalba de Villastar en langue celtibère et
écriture latine (§ 11). Cette inclusion a pour conséquence d'étirer vers le Sud-Est l'aire
hachurée.

[61] Voir Lejeune 1971 (carte hors-texte à la p. 6).

[62] Voir Lejeune 1985[b] (carte p. 16).

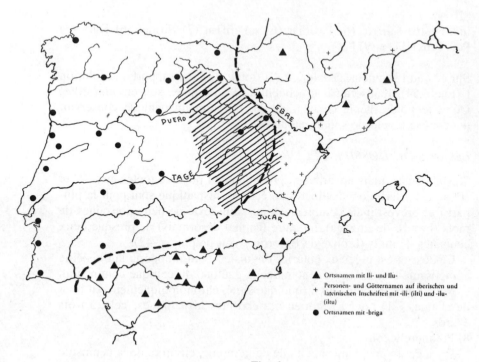

Fig. 6
Aire de l'épigraphie celtibère (hachures) et aire (*MLH* I¹, p. 128) des noms de cités
en -*briga*.

9. Seconde leçon.

Le hasard des données fait du dossier celtibère le seul où se montrent à plein l'action (en l'espèce, concurrente) d'écoles scribales, et la délimitation de cette action sur le terrain.

La langue ibère n'usait que d'une consonne nasale, notée par Ͷ. Le celtique en possédait deux, dentale /n/ et labiale /m/. Les adaptateurs ont eu recours à des lettres rares Ψ et Υ de l'hispanique NE, qui notent en ibère[63] non des phonèmes, mais des variantes conditionnées. L'adaptation s'est faite par recours soit à l'une soit à l'autre de ces lettres, et avec pour la lettre empruntée valeur soit /m/, soit /n/: double différenciation entre écoles, d'où est résulté un dispositif croisé[64]:

	type I	type II
/m/	Ψ	Ͷ
/n/	Ͷ	Υ,

les deux types se distribuant sur le terrain comme l'indique la carte Fig. 7.

Pratiquement, comment nommerons-nous ces deux écoles et leurs zones d'influence? On a proposé de définir le type I comme «oriental», le type II comme «occidental», ce qui ne répond qu'imparfaitement aux données[65], et risque, d'autre part, de prêter à confusion avec les classifications géographiques de l'écriture ibère. On ne saurait définir les écoles par les sites respectifs des centres d'enseignement, que nous ignorons[66]. La meilleure formulation semble «écriture de ...», en étiquetant l'écriture d'après le site moderne de son principal témoin: «écriture de Botorrita», «écriture de Luzaga».

Pratiquement encore, comment faire passer dans la translitération une indication sur le type graphique? Envisageant le corpus qu'il prépare pour *MLH* IV, Untermann y est défavorable, estimant suffisants une indication dans le lemme et le recours à l'illustration. Mais on n'est pas toujours en situation de corpus, et un terme celtibère peut avoir à être

---

[63]Voir *MLH* III[I], p. 137-139, 247, 253. Pas d'approche précise de la valeur phonétique, sinon que les deux signes évoquent nasalité et labialité. Pas de translitération convaincante; $\bar{w}$ et $\bar{v}$, à quoi je songerais aujourd'hui, n'échappent pas à la critique; n'y échappent pas non plus les solutions plus traditionnelles d'Untermann (m et $\bar{m}$).

[64] D'où une confusion chez les Modernes, portés (je l'ai été moi-même) à attribuer à tout Ͷ la même valeur, et à transposer en différenciation phonétique (ainsi /n/ ou /m/ comme nasale finale de mot selon les sites) ce qui était pure différenciation graphique. Le premier à y voir clair a été Ulrich Schmoll (SCHMOLL 1960); cf. nos commentaires, LEJEUNE 1985[a].

[65] De type I, Complutum (monnayage A 74) ou Uxama (monnayage A 72) sont bien plus à l'Ouest que Numance, Monreal de Ariza, Luzaga (type II).

[66] En zone II, il est plausible (bien qu'indémontrable) que l'école scribale ait été localisée à Numance, qui a tenu rang de capitale des Celtibères. Mais en zone I ?

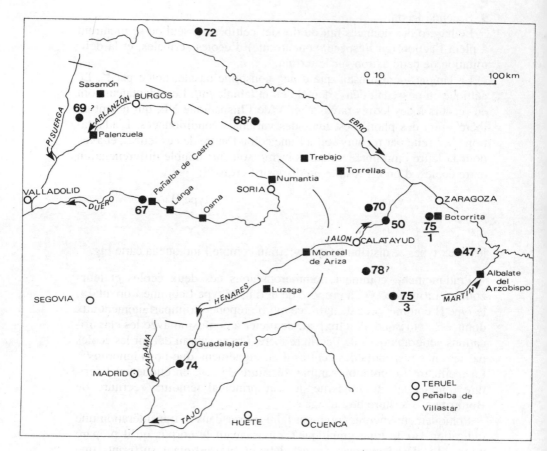

Carrés et cercles noirs situent les documents (seuls retenus
par nous) comportant des nasales soit de type I, soit de type II:
documents non monétaires (carrés noirs, accompagnés du nom du
site); documents monétaires (cercles noirs, accompagnés du n° de
MLH I)

Fig. 7
Aires d'influence (*AIΩN* 5, p. 27) des deux écoles graphiques celtibères.

cité, en translitération, hors d'un tel contexte éditorial; je demeure parti-
san du surcroît d'information que convoierait au lecteur, aux moindres
frais, une procédure diacritée telle que la suivante:

	type I	type II
/m/	*m*	*ḿ*
/n/	*n*	*ń*

10. Deux écoles. Mais on n'a pas, sauf erreur, observé que leurs différences se manifestent aussi autrement.

De façon sporadique apparaissent en celtibère des graphies redondantes du type Taa pour /ta/: voir §3*b*. Il est remarquable que (absentes,
il est vrai, du bronze de Luzaga) elles ne se manifestent que dans des
sites de type II: Numance, Peñalba de Castro, Sasamón. Y ont-elles été,
à partir d'un certain moment (après Luzaga), enseignées?

11. Troisième leçon.

La romanisation d'une épigraphie en langue et écriture indigènes se
manifeste, en divers pays, par la présence de documents digraphes, ou de
documents bilingues, ou encore d'une phase (généralement de faible
durée) où la langue indigène continue à s'écrire mais en lettres latines.

Le hasard veut qu'en Hispanie (abstraction faite du lusitanien[67] connu
tardivement et seulement sous vêtement latin), ces états transitoires nous
font pratiquement défaut[68]; excepté, justement, pour le celtibère, à cet
égard à nouveau instructif.

Deux séries homogènes de documents permettent de suivre les étapes
de la romanisation. D'une part, les tessères d'hospitalité[69]. D'autre part
les légendes monétaires (ainsi A67, KolouńioKu/CLOVNIOQ; A89
śeKoPiŕiKes/SEGOBRIS; etc.).

Par ailleurs, l'épigraphie rupestre de Peñalba de Villastar[70], qui date
probablement de la fin de la République et du début de l'Empire, tout
entière en écriture latine, est en majorité en langue celtibère[71]. Elle livre,
notamment, un texte rituel d'une vingtaine de mots qui, ex aequo avec le
bronze de Luzaga (lui, en écriture hispanique) est demeuré notre plus
long texte celtibère jusqu'à la découverte de Botorrita.

---

[67] Voir n. 44.

[68] Pour l'ibère: 1°) quelques légendes monétaires soit digraphes soit bilingues (A21,
Kelse/CEL; A26, useKerTE/ OSI; A34, Kili/GILI; A35, śaiTaPieTar/SAETABI); —2°)
quelques très brefs documents avec de l'ibère en caractères latins (G.12.4, Elche; H.3.4,
Santesteban del Puerto; H.6.1, Castulo); —3°) un fragment de dédicace bilingue à
Sagonte (F.11.8) nous livrant seulement l'équivalence TePanen = COERAVIT. Au total,
donc, presque rien.

[69] Depuis 1955 (*Celtiberica*, ch. V), la liste de ces tessères s'est considérablement
allongée.

[70] Cf. *Celtiberica*, ch. I et II.

LE LETTRIER D'ESPANCA

12. Il est d'expérience que l'enseignement d'une écriture phonétique
repose sur un répertoire normatif de noms et de tracés de lettres, chaque
lettre étant assortie d'une valeur d'emploi; les éléments du répertoire se
succèdent dans un ordre *ne varietur*. Dans certains domaines, nous
avons la chance que l'épigraphie fournisse, fragmentaires ou totaux, des
exemplaires de tels répertoires de tracés.

Le terme «abécédaire» se référant proprement aux écritures alphabétiques comme «syllabaire» aux écritures syllabiques, je me risque à pro-
poser dans une acception plus générale le terme «lettrier»[72], lequel se
trouvera applicable aussi bien à des structures graphiques mixtes comme
l'hispanique.

Une écriture «naît» presque toujours de l'adaptation d'une autre (parfois avec double modèle: un modèle principal, à retoucher; un modèle
accessoire, fournisseur de certaines retouches). Les modalités de l'adaptation initiale ressortent clairement de la confrontation (lorsqu'elle est
possible) entre lettrier résultant et lettrier(s) modèle(s). — Mais, de plus,
l'analyse d'un lettrier peut être source d'informations, à la fois, pourrait-
on dire, paléontologiques et stratigraphiques: parce qu'il peut s'y
conserver, fossilisées, des «lettres mortes» sorties de l'usage contempo-
rain, vestiges d'un usage antérieur; et parce que les additions qui ont pu
être faites au répertoire au cours du temps figurent en queue de liste dans
l'ordre même où elles sont intervenues.

Aussi, pour une écriture aussi singulière que l'hispanique, était-il particulièrement regrettable de ne posséder, dans aucune des trois grandes
provinces graphiques, aucun lettrier. Lacune qui, pour le SW, vient
d'être tout récemment comblée.

13. La trouvaille s'est faite au printemps 1987 dans le Sud du Portugal
(Bas Alentejo) à Espanca près Sete (district de Castro Verde). La plaque
inscrite a été repérée en remploi moderne dans le mur en pierres sèches
d'une cour de ferme. Au voisinage existent quelques vestiges (remontant
au -Ve siècle) d'un habitat antique d'importance non connue.

Il s'agit (Fig. 8) d'une plaque d'ardoise grossièrement rectangulaire
(40 × 28 × 2 cm) gravée à la pointe sur une de ses faces. Elle porte (en
caractères de 1 à 3 cm) deux lignes parallèles sinistroverses qui suivent
(hauts des caractères vers le rebord de la plaque) d'abord un grand côté

---

[71] Parfois mêlée de latinismes. Ainsi le graffite TVROS CARORVM VIROS VERA-
MOS comporte-t-il en seconde place un génitif pluriel à désinence latine.

[72] Nos collègues espagnols ont recours à «signario» (éventuellement modulé par
Correa en «cuasisignario»). Mais en français *signaire ne me semblerait pas d'heureuse
venue.

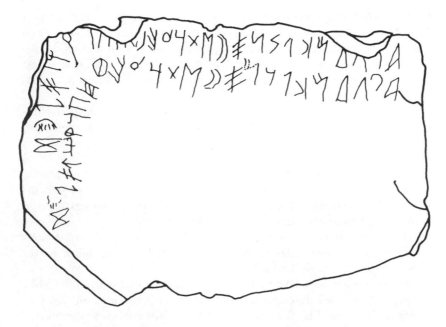

Fig. 8
La pierre d'Espanca (dessin CORREA).

puis, à angle droit, une partie du petit côté adjacent sur la gauche. Même contenu (27 signes différents dans le même ordre) dans les deux lignes[73]. Mais mains différentes; la main I (ligne externe) est assurée, la main II (ligne interne) est hésitante et maladroite. Visiblement on a ici le modèle proposé par le maître (I) et la copie réalisée par l'élève (II). Non seulement apparaît là un lettrier, mais il nous apparaît dans l'exercice même de la fonction pédagogique qui est la sienne. Dans ces conditions, on sera particulièrement réticent à imputer à I des erreurs d'inattention répercutées ensuite par II[74].

Le premier moment de joyeuse surprise passé, est venu le temps de la difficile exégèse, et un certain désenchantement, tant les enseignements du document sont ambigus. Nous nous appuierons ici sur les études de CORREA 1989 (en abrégé, ci-après: C.) et de DE HOZ 1991 (en abrégé: H.), lesquelles sont, en fait, sensiblement contemporaines.

---

[73] Des éclats de rebord perdus ont emporté les hauts de plusieurs signes de la ligne externe: d'une part, pour les 2e et 3e lettres; d'autre part, et plus gravement, de la 18e à la 23e lettre. On est alors réduit aux copies, d'aloi incertain, procurées par la ligne interne.

[74] Ainsi DE HOZ 1991 reprochant au «maître» d'avoir oublié la lettre r (p. 675: «a simple mistake, an oversight») ou le syllabogramme Po (p. 677: «another oversight»).

14. De par sa nature matérielle, le document n'est guère suspect d'avoir voyagé. Il y a donc eu, à Espanca ou dans son immédiat voisinage, un point d'apprentissage de l'écriture (supposant une agglomération de non négligeable importance), élément d'un réseau scolaire SW dont il est jusqu'ici l'unique témoin et dont nous ignorons donc l'extension, la densité et les éventuelles variétés.

Les tracés du lettrier se retrouvent globalement (avec de peu nombreuses différences en plus ou en moins) dans notre corpus (restreint) d'épitaphes SW. Ne pas penser ou dire pour autant que nous avons à Espanca *le* lettrier SW; mais *un* lettrier SW, dont ne sont précisables ni l'époque, ni (à ladite époque) le niveau d'archaïsme, ni l'éventuelle appartenance à telle ou telle des écoles scribales qui ont pu se concurrencer. Cette situation rend compte de menus écarts possibles a priori entre ce répertoire et celui qu'on infère des épitaphes.

15. Le lettrier nous apporte une *liste ordonnée de tracés*, sans nous informer sur les *noms* des lettres, sur leurs *valeurs* d'emploi, ni sur l'*orthographe* qui règle leur mise en œuvre[75].

a) Pour l'*ordre* des lettres, l'apport du document est irremplaçable. Jusqu'ici, toutes les descriptions des écritures hispaniques ont été présentées (voir p. ex. Fig. 2 et 5) en fonction de *nos* analyses phonétiques et de *notre* ordre alphabétique. Nous sommes désormais en possession d'un dispositif antique, auquel (si ambiguës que puissent être ses réponses) nous pourrons demander quelques informations sur la genèse de cet étrange système (§ 16*b*).

b) Pour les *noms* des lettres, notre ignorance reste sans remède; c'est timidement que nous aventurerons plus loin (§24*b*) une (invérifiable) hypothèse.

c) Pour les *valeurs phoniques* des lettres, les exégètes (C. comme H.) les ont demandées aux analyses antérieures de l'épigraphie SW. Mais au lieu de ne retenir que les rares valeurs jusqu'ici tenues pour sûres (cf. Fig. 2), ils ont fait appel aussi à des identifications jusqu'ici réputées soit seulement probables, soit tout juste possibles: politique maximaliste qui leur a permis (avec peu de divergences entre C. et H.) d'inscrire une lecture à côté de presque tous les caractères (voir p.ex. Fig. 9). Nous accepterons expérimentalement cette règle du jeu dans la discussion qui va suivre.

d) Quant aux *règles orthographiques* dont l'enseignement était associé à celui des caractères, ce sont, eux encore, nos textes épigraphiques qui peuvent nous en donner idée. Sur la plus notable d'entre elles (notation redondante des occlusives), voir § 23a.

---

[75] De surcroît, chez C. p. 288, hypothèse (non nécessaire, ni vérifiée présentement) d'un éventuel usage dérivé comme écriture numérale à la milésienne (9 signes d'unités + 9 de dizaines + 9 de centaines).

STRUCTURE ET GENÈSE

16. Si l'on admet à titre d'hypothèse les identifications proposées (§15*c*) pour les caractères du lettrier (ceux-ci sont désignés ci-après par leur n° d'ordre, de 1 à 27), la voie est ouverte à l'analyse dans deux directions.

a) On peut tenter de reconstruire l'inventaire phonologique de la langue X_1, destinataire de la première écriture hispanique.

Par exemple en partant du tableau[76] de H. (voir Fig. 9), qui distingue: six voyelles[77]: a, e, í, i, o, u; cinq consonnes continues: l, n, [r], s, ś, dont une «oubliée» (r: voir n. 74); trois séries (P-, T-, K-) de six syllabogrammes d'occlusive + voyelle, dont un (Po) «oublié» et deux autres (To, Ku) soit manquants eux aussi, soit non identifiés (et à chercher alors dans les tracés résiduels 20, 26 ?).

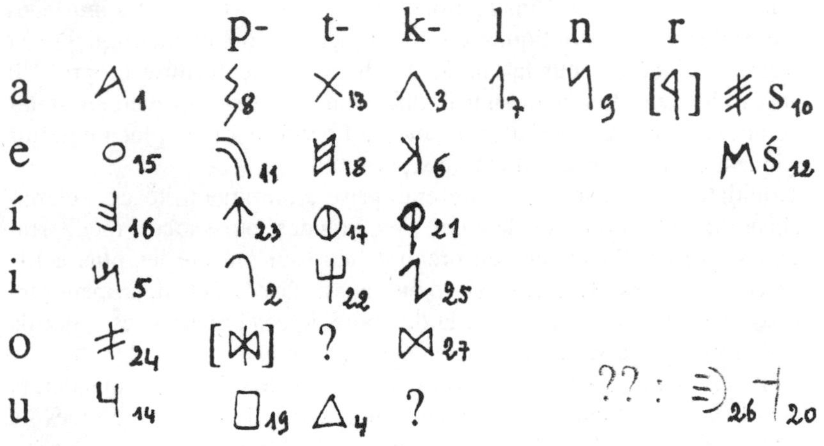

Fig. 9
Le répertoire d'Espanca classé phonétiquement d'après DE HOZ (1991, p. 686).

Mais est-il sûr que r ne soit pas l'un des tracés mutilés de la l. I (en l'espèce, 20), dont la l. II n'aurait procuré (comme dans le cas de 8, par exemple) qu'une copie très infidèle?

Et est-ce un hasard si, pour les syllabogrammes à vocalisme vélaire, H. n'identifie qu'un Pu sans Po, un Tu sans To, un Ko sans Ku? Une autre approche serait de penser qu'en un premier temps n'auraient existé

---

[76] Nous reproduisons le tableau de H. en ajoutant seulement, auprès de chaque caractère, son n° d'ordre.

[77] í chez H. (que nous préférons) = i_1 chez C.

que des idéogrammes à cinq timbres (i; í; e; a; o/u) et que la distinction graphique entre o et u dans le secteur alphabétique serait secondaire (voir § 20) et n'aurait pas eu de répercussion sur les séries syllabiques déjà constituées.

b) L'autre direction d'enquête est génétique. Confrontant le lettrier d'Espanca à ses modèles possibles, elle cherche à définir les démarches par lesquelles il a été constitué.

Rien de moins spontané, on va le voir, que cette constitution; mais élaboration à la fois savante et largement arbitraire. Rarement dans les «créations» d'écritures que nous connaissons observe-t-on aussi peu d'asservissement au(x) modèle(s), autant de gratuité dans les choix, autant aussi d'ingéniosité novatrice.

Il faut donc qu'il y ait eu un «initiateur» (c'est ainsi que nous l'appellerons ici) qui, au -VIIe siècle, dans une période de prospérité de la civilisation tartessienne, à l'instigation (ou en tout cas avec l'appui) des milieux dirigeants (politiques et/ou religieux et/ou économiques), ait entrepris d'élaborer pour la langue X_1 du pays une écriture propre[78]. Il nous est difficile d'en apprécier la diffusion à partir des quelques stèles funéraires retrouvées, rien n'excluant que l'écriture ait été plus ou moins largement utilisée sur des matériaux périssables.

L'initiateur en charge de cette entreprise a sûrement été un «clerc» sachant lire et écrire les langues des grandes puissances méditerranéennes d'alors, Phéniciens en premier lieu (qui ont été les plus actifs interlocuteurs des Tartessiens), mais aussi Grecs, et déjà peut-être Étrusques (§ 24). La pluralité et la diversité de ces expériences n'ont pu que l'encourager à se sentir les coudées franches.

Sur ses démarches, nous consulterons le lettrier en considérant d'abord (§ 17) solidairement alphabet phénicien (lettres numérotées en chiffres romains de I à XXII sur la Fig. 11) et alphabet grec de α à τ. — Le tableau de correspondances de C. (alphabets modèles/Espanca/épigraphie du SW), dressé selon l'ordre du lettrier (n°s 1 à 27) est reproduit dans notre Fig. 10. — Dans la Fig. 11, nous mettons en tableau[79] l'enquête de H. (p. 674-677).

17. Il est fréquent, disions-nous (§12), qu'un lettrier autorise une interprétation en quelque sorte stratigraphique, l'ordre de ses éléments finaux gardant trace d'étapes successives de l'évolution de l'écriture en cause au cours d'un temps plus ou moins long. Nous ne sommes pas en mesure de tirer du lettrier d'Espanca des conclusions de cet ordre.

---

[78] Sur accès à l'écriture et acculturation en pays tartessien, la discussion théorique de WAGNER 1991 reste sans conclusions nettes.

[79] Mais sans y distinguer les uns des autres syllabogrammes supposés en -o et syllabogrammes supposés en -u (voir § 16*a*).

Mais c'est peut-être d'une *autre* stratigraphie qu'il est porteur: celle des démarches de l'initiateur durant son travail d'élaboration. *Tout semble s'être passé comme ceci:*

a) Dans un premier temps, l'initiateur parcourt l'abécédaire de I à XXII et y fait cueillette de treize lettres, sans en modifier l'ordre; mais les raisons d'accueil ou de rejet (au moins provisoire) nous restent obscures. Dans la tête de liste du lettrier ainsi constituée il a déjà deux voyelles ou semi-voyelles (a; i̯/i) sur les six qu'il lui faudra; quatre (l, n, s, ś) des cinq consonnes continues; enfin sept signes qu'il destine au syllabaire d'occlusives que, dès ce moment, il a déjà en tête. Des treize lettres qu'il a ainsi retenues, aucune sauf 11 (labiale nasale dans l'abécédaire/labiale orale dans le lettrier) ne manifeste de distorsion majeure de valeur avec le modèle.

b) Dans un second temps, il poursuit sa collecte pour compléter les séries entamées, mais cette fois sans souci de l'ordre de l'abécédaire, en commençant (n° 14) par u̯/u (voir § 18). Dans un parcours zigzagant dont les motivations nous échappent, il va avoir en partie recours à des tracés de l'abécédaire négligés dans la première phase, mais tantôt en en conservant à peu près la valeur (ainsi pour T(i) 22 tiré de ṭetʰ/θῆτα IX), tantôt en la transformant (ainsi pour T(e) 18 tiré de ḥetʰ/ἦτα VIII); par ailleurs il va avoir recours aussi à des tracés de création arbitraire (flèche 23; bilboquet 27; etc.).

QUEL(S) ABÉCÉDAIRE(S) MODÈLE(S)?

18. Il est traditionnellement enseigné que l'alphabet vocalisé résulte d'une mutation spécifique opérée par les Grecs lors de leur emprunt de l'alphabet consonantique des Cananéens: laryngales 'alepʰ, he, 'ayin mutées respectivement en α, ε,o; promotion de l'avatar vocalique (antéconsonantique) de yodʰ (d'où: ι) et de waw (d'où: υ). D'où présomption que l'écriture hispanique est tributaire de cette *systématique* hellénique, même si l'aspect des *tracés* est tantôt plus proche du modèle grec (ainsi pour a) tantôt plus proche du modèle sémitique (ainsi pour i, u); pour e, o, voir plus bas.

Détail supplémentaire:
Aucune écriture hispanique n'a jamais distingué par des lettres particulières i (antéconsonantique) de i̯ (antévocalique), ni u de u̯. Au contraire, les Grecs[80], dans leur arrangement de l'alphabet, l'avaient fait, sinon dans le cas de i/i̯, du moins dans le cas de u/u̯, en maintenant u̯ à la place (VI) de *waw*, mais en aménageant une variante graphique pour u qui,

---

[80] Le grec du premier millénaire n'avait plus de *phonème y* (disparu durant la période mycénienne) mais avait encore un *phonème w*. D'où la différence des démarches lors de l'adoption de l'alphabet.

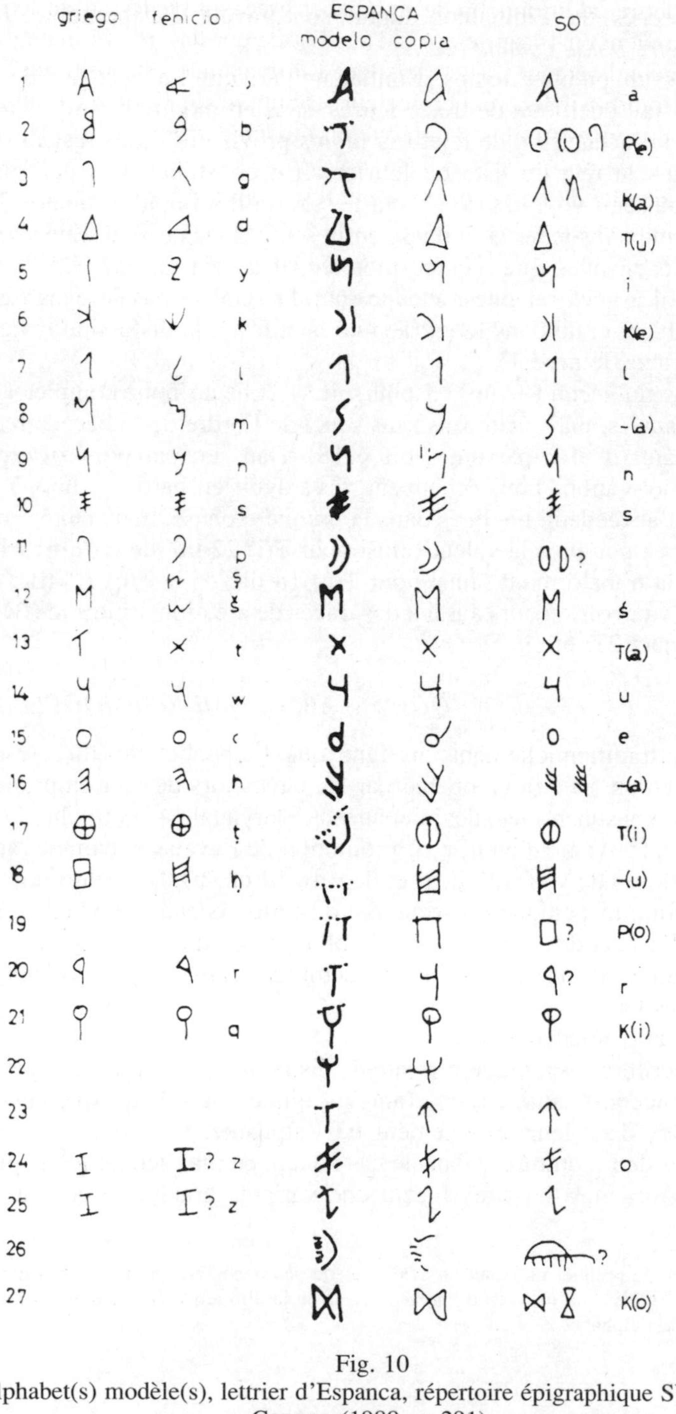

	griego	fenicio	ESPANCA modelo copia		SO	
1						a
2						P(e)
3						K(a)
4						T(u)
5						i
6		k				K(e)
7		l				l
8		m				-(a)
9		n				n
10		s				s
11		p				?
12		ṣ / š				ś
13		t				T(a)
14		w				u
15		ʿ				e
16		ḥ				-(a)
17		ṭ				T(i)
18		ḫ				-(u)
19						P(o)
20		r				r
21		q				K(i)
22						
23						
24		z				o
25		z				
26						?
27						K(o)

Fig. 10
Alphabet(s) modèle(s), lettrier d'Espanca, répertoire épigraphique SW, selon
CORREA (1989, p. 291).

rangée en queue d'abécédaire (en *XXIII, après *taw*) devient ainsi la première lettre additionnelle de l'alphabet grec. — Or le u̯/u du lettrier d'Espanca vient en 14, juste après T(a). Est-ce pur hasard, 14 inaugurant alors le second secteur du lettrier dont l'ordonnance est arbitraire? Ou bien 14 clôture-t-il le premier secteur, tributaire de l'ordre des abécédaires, et dénonce-t-il alors la grécité du modèle?

19. Les avis de nos collègues espagnols ont été, et demeurent, partagés quant à l'identité de l'alphabet modèle. Il s'est parmi eux formé un camp pro-sémitique et un camp pro-hellénique. Noter d'ailleurs qu'aucun de leurs tenants respectifs n'exclut formellement que notre inititateur ait à tout le moins connu celui des deux abécédaires dont il ne s'est pas (ou presque pas?) inspiré (voir n. 89).

Nous voudrions verser au débat les réflexions suivantes (§ 20), en partie suggérées par la lecture de BRIXHE 1991 (bien que cet auteur soit resté étranger aux problèmes hispaniques).

20. Le considérable destin qu'ont connu dans le monde antique l'alphabet grec et ses dérivés[81] tend à nous imposer, consciemment formulée ou non, l'idée que *tout* alphabet ancien en possession de lettres vocaliques est, à cet égard au moins, d'ascendance hellénique. Or il est sage d'en douter.

La morphologie des langues sémitiques s'accommodait de la notation des mots par leur seul squelette consonantique. Lors de l'emprunt de l'écriture par les Grecs, ceux-ci, dont la langue était d'autre structure, ont ressenti le besoin de précisions vocaliques. Ils n'ont eu qu'à accoucher l'alphabet cananéen des notations de voyelles dont il était prégnant, au niveau des laryngales et au niveau des semi-voyelles: solutions obvies pour a, e, i, u; solution moins évidente[82] pour o (demandé à ʿayin).

Nous ignorons la langue du SW hispanique; mais rien n'exclut qu'elle ait conduit à des requêtes de notation vocalique analogues à celles du grec (bien que non identiques). À ces requêtes, l'alphabet cananéen a pu donner des réponses analogues. D'une confrontation directe avec l'abécédaire sémitique, l'hispanique SW a pu tirer ainsi un a (issu de I), un í (issu de V), un i̯/i (issu de X), un u̯/u (issu de VI) de façon à peu près *parallèle* à ce qui s'était passé pour le grec. Pour la voyelle antérieure e (distincte de í), comme le V (affecté à í) était déjà pris, il y a eu recours à une autre laryngale (XVI), de vocation, dans ces transferts, ambiguë

---

[81] Cf. LEJEUNE 1983[b].

[82] BRIXHE 1991: «Les Grecs ont été incontestablement aidés par la façon dont ils percevaient le nom de certaines lettres: leur étaient ainsi presque «automatiquement» donnés au moins quatre timbres vocaliques, *a, e, i, u*; seule l'affectation de ʿ*ayin* à *o* pourrait avoir été arbitraire» (p. 316).

n° d'ordre sémitique	alphabet(s) modèle(s)	n° d'ordre Espanca	identifications Espanca	n° d'ordre Espanca	identifications Espanca	n° d'ordre sémitique
I	ʾaleph/ἄλφα	1	a	14	ʮ/u	VI
II	beth/βῆτα	2	P(i)	15	e	XVI
III	gimel/γάμμα	3	K(a)	16	ʏ	V
IV	daleth/δέλτα	4	T(o/u)	17	T(ḗ)	
V	he/εἶ	~	~	18	T(e)	VIII ?
VI	waw/ϝαῦ	~	~	19	P(o/u)	
VII	zayin/ζῆτα	~	~	20	r ?	XX ?
VIII	heth/ῆτα	~	~	21	K(í)	XIX
IX	ṭeth/θῆτα	~	~	22	T(i)	IX
X	yodh/ἰῶτα	5	i̯/i	23	P(i)	
XI	kaph/κάππα	6	K(e)	24	o	VII ?
XII	lamedh/λάβδα	7	l	25	K(i)	
XIII	mem/μῦ	8	P(a) ?	26	?	
XIV	nun/νῦ	9	n	27	K(o/u)	
XV	samekh/ξεῖ	10	s			
XVI	ʿayin/οὖ	~	~			
XVII	pe/πεῖ	11	P(e) ?			
XVIII	ṣade/σάν	12	ś			
XIX	qoph/ϟόππα	~	~			
XX	reš/ῥῶ	~	~			
XXI	šin/σίγμα	~	~			
XXII	taw/ταῦ	13	T(a)			

Fig. 11
Esquisse d'une genèse alphabétique du lettrier.

(voir plus haut). Restait à régler le cas de o (résiduel peut-être parce que l'opposition o ~ u a tardé à devenir phonologiquement pertinente); solution arbitraire: un tracé qui ressemble vaguement à la lettre VII (zayin), sans que ce choix ait la moindre justification phonétique[83].

Rien, donc, ne s'oppose à ce que pour les deux langues (grec et X_1) le même abécédaire sémitique ait donné, indépendamment, à des demandes analogues, des réponses analogues. À cette indépendance des deux démarches, les traitements différents de ʿayin apportent d'ailleurs un argument non négligeable.

CONSTRUCTION D'UN SYLLABAIRE

21. On a souvent présenté (c'était la position de Gómez-Moreno) l'écriture hispanique comme issue du croisement de deux modèles: un alphabet, et un syllabaire à syllabes ouvertes. Mais remonter (avec Gómez-Moreno) au second millénaire pour asseoir une telle hypothèse, c'est outrepasser singulièrement nos données chronologiques: nos premiers témoins sont du -VIIe siècle.

Or à cette époque, la Méditerranée ne connaît de tels syllabaires en usage qu'à Chypre; et le répertoire chypriote ne manifeste de parenté avec l'hispanique par aucune concordance simultanée de tracé et de valeur. De plus, c'est un syllabaire qui fonctionne pour toute consonne, et non pour les seules occlusives.

Alors, création hispanique?

22. Sont communément réputées marquer les étapes d'un constant progrès et aller, comme on dit, «dans le sens de l'histoire» les démarches par lesquelles l'*homo scribens* est passé des pictogrammes aux idéogrammes et de ceux-ci aux phonogrammes: d'abord syllabiques, puis (par analyse des constituants de la syllabe) alphabétiques.

Or c'est exactement à contre-courant de cette pratique générale, ou du moins de sa phase terminale, que se dessine l'aventure hispanique. On y voit se constituer un syllabaire (partiel, il est vrai) à partir d'éléments alphabétiques préexistants. C'était soupçonnable dès le déchiffrement de 1922, du fait que Ta avait la forme de taw/ταῦ, Tu celle de dalet[h]/δέλτα; Ke celle de kap[h]/κάππα, brelan de coïncidences difficilement imputable au hasard. Le lettrier d'Espanca est venu confirmer cette vue. On voit là notre initiateur à l'œuvre, réinvestissant en syllabogrammes les lettres notant des occlusives dans l'abécédaire et complétant les séries par des signes inventés. Sans d'ailleurs qu'il soit tenu compte des distinctions (nous les admettrons étrangères à la langue X_1) entre sourdes (XI etc.),

---

[83] On n'ose pas se demander si la rime zayin/ʿayin a contribué à attirer la lettre dans le camp des voyelles.

sonores (II etc.) et emphatiques (IX etc.) du modèle. Le seul point mal éclairci est de savoir si chaque série était à six timbres vocaliques (ainsi selon C. et H.) ou seulement à cinq (avec une seule variété vélaire o/u: § 16*a*).

23. Divers auteurs, en quête d'un point de départ pour une telle construction, ont allégué le fait qu'une occlusive dorsale déplace considérablement sa région d'articulation selon que la voyelle qui suit est prépalatale, moyenne ou vélaire; au point que (non pertinente phonologiquement) cette variation est assez nette pour avoir été notée dans certains alphabets: bipartition sémitique et grecque[84] kap^h ~ qop^h, κάππα ~ ϙόππα; tripartition étrusque[85] et latine C ~ K ~ Q. Mais alors que ces notations fines, non nécessaires, n'ont eu en grec, en étrusque, en latin qu'une brève existence, elles auraient été, dans le secteur hispanique, au départ d'un surprenant foisonnement.

a) Supposons qu'on ait là voulu distinguer /k/ devant i, écrit 25, de /k/ devant a, écrit 3, et de /k/ devant vélaire, écrit 27. À ce stade initial, 25, 3, 27 fonctionnent comme le font *C*, *K*, *Q* étrusques: alphabétiquement. Aux élèves qui apprennent à écrire, on enseigne que 25 doit toujours être suivi de i, 3 de a, 27 de vélaire: règles orthographiques qu'une solide tradition maintiendra et qui vont entraîner ce qui nous apparaît comme des redondances; mais au départ, ce sont seulement effets d'un syllabaire naissant (alors que les redondances du celtibère tardif [§ 3*b*] sont effets d'un syllabaire sur le déclin). Mais, avec le temps, le signe 25, toujours associé à i, finit par assumer à lui seul une valeur Ki; de même respectivement pour 3 et pour 27: le syllabaire naît ainsi de l'usage orthographique; il ne se montrera à plein comme tel (toutes redondances éliminées) que dans les adaptations SE et NE. Où notre lettrier d'Espanca en est-il de cette évolution ? 25 y est-il encore consonantique ou déjà syllabique? On fera le pari qu'on voudra selon le degré d'archaïsme qu'on lui reconnaîtra.

b) Mais à l'hypothèse ci-dessus il va falloir ajouter, pour qu'elle soit opérante, celle d'une double prolifération.

D'une part il ne sera plus question d'une tripartition à l'étrusque mais, par extension, d'une multiplication des signes d'occlusives dorsales à concurrence du nombre des voyelles qui peuvent les suivre: K(í) et K(e) auront droit à des signes particuliers, aussi bien que K(i); etc.

D'autre part, le système va être mécaniquement étendu (sans la moindre justification phonétique) aux occlusives labiales et dentales.

---

[84] Des différences entre kap^h (médio-palatale non emphatique) et qop^h (vélaire emphatique), le grec n'avait retenu que l'opposition des régions articulatoires.

[85] L'étrusque, dépourvu de sonores, ayant trouvé en gamma un signe de dorsale disponible, l'a réutilisé (en sourde) pour fignoler son éventail de notations des dorsales en fonction de leur environnement vocalique.

24. Un tel schéma génétique (le seul, à ma connaissance, qui ait été esquissé) satisfait peu.

Peut-être les deux considérations que voici valent-elles d'être versées au débat.

a) Il est clair que l'initiateur ne s'est pas laissé aller à la dérive (si zig-zagante qu'ait été sa démarche), mais avait dès le départ, pour les occlusives, le projet d'un syllabaire (§ 17*a*). Si aucun modèle ne lui inspirait un tel projet, quelles ont pu être ses motivations?

L'une au moins est obvie: la recherche d'une *tachygraphie*; voir ce qui a été dit plus haut (§ 6) de l'écriture du NE, mais qui vaut pour toute écriture hispanique. Une des approches était l'usage de syllabogrammes CV. Resterait à savoir (mais ceci présentement nous échappe) dans quelle mesure la structure phonique des mots de la langue X_1 favorisait un tel parti ou même y conviait.

b) Pourquoi ce système de syllabogrammes CV se restreint-il aux consonnes occlusives?

Une réponse, au moins partielle, serait imaginable à partir des *noms des lettres* que, malheureusement, nous ignorons. Supposons (ce qui demeure indémontrable) des dénominations du même type[86] que celles que les Étrusques ont passées aux Latins: «V» pour les voyelles, «VC» pour les consonnes continues, «CV» pour les occlusives: il y aurait peut-être eu là, pour les occlusives et elles seules, l'amorce de, l'incitation à, l'usage d'une graphie syllabique.

RENCONTRES DE L'ALPHABET GREC

25. Reprenant ici le titre d'une étude dont les horizons étaient plus larges[87], mais développant et précisant ce qui y concernait l'Hispanie, nous terminerons cet exposé en évaluant les dettes épigraphiques du monde hispanique envers le monde grec.

Elles sont de deux sortes. Il y a d'une part une épigraphie proprement grecque d'Espagne, liée au commerce massaliote et à l'implantation d'actifs comptoirs tels qu'Emporion. Elle s'est récemment enrichie d'importants textes sur plomb du -Ve siècle en alphabet et dialecte ioniens[88].

---

[86] À supposer qu'en hispanique SW ait existé une telle nomenclature, elle aurait pu y résulter d'une innovation locale tout aussi bien que d'un incertain (mais non impossible) emprunt à l'abécédaire étrusque.

[87] «Rencontres de l'alphabet grec avec les langues barbares au cours du Ier millénaire av. J.C.» = LEJEUNE 1983. Il y est question de l'Espagne p. 738-739.

[88] Plomb de Pech-Maho (près Sigean, Aude): publication princeps LEJEUNE 1990. — Plomb d'Ampurias: publication princeps SANTIAGO 1987.

Mais il y a eu aussi, largement échelonnées dans le temps, et indé-
pendantes les unes des autres, des actions indirectes ou directes de l'écriture grecque sur la notation des parlers indigènes de la péninsule.

26. Historiquement, il y a d'abord deux interventions indirectes, par
action sur les écritures indigènes.

a) Au plus tard au -VIIᵉ siècle est constituée la première écriture hispanique, laquelle a sûrement eu un modèle alphabétique. A-t-il été phénicien ou grec? Ou y a-t-il eu double modèle? En dernier lieu, de Hoz
se prononce pour le phénicien et ne laisse au grec qu'un rôle mineur et
incertain[89]. Rien ne signale d'ailleurs de quel alphabet grec archaïque il
s'agirait.

b) Au plus tard au -Vᵉ siècle, lorsqu'une école graphique levantine, à
partir des écritures du Sud, institue l'écriture hispanique du NE, c'est à
coup sûr à un modèle grec qu'elle demande les plus voyantes de ses
réformes (voir Fig. 2): orientation dextroverse, tracé de *e*, tracé de *s*.
Encore que ces traits soient en grec largement répandus, la date favorise
l'hypothèse d'une référence à l'écriture massaliote.

27. Dans la seconde moitié du millénaire apparaissent des tentatives de
notation directe de l'ibère en lettres grecques. Encore faut-il les classer
en deux grandes familles.

Fig. 12
Face B du grand plomb d'Alcoy

---

[89] Le tenant le plus résolu de la thèse d'une origine sémitique (DE HOZ 1991) écrit
pourtant (p. 676): «it is possible that the creator of the Tartessian writing, were he
Tartessian or Phoenician, knew the Greek alphabet and it is possible that he had drawn
some inspiration from it; but I cannot accept a more direct and systematic influence».

La première, chronologiquement, se situe au -IVᵉ siècle et a pour théâtre la région Alicante-Murcie (§§ 4-6); voir Fig. 12. Une école locale construit, par soustractions et additions, un alphabet grec adapté à l'ibère, en concurrence avec l'écriture hispanique. Cet essai n'a connu qu'un faible succès: domaine et durée d'existence étroitement limités. Le modèle avait été, incontestablement, un abécédaire ionien d'Asie (phocéen en l'espèce), convoyé en occident par les Massaliotes.

28. La seconde famille est représentée par deux documents isolés, non concordants entre eux, tous deux sans datation assurée, mais probablement du -Iᵉʳ siècle. Ni l'un ni l'autre ne relèvent sans doute d'une quelconque école, mais donnent l'impression de notations occasionnelles.

a) Graffites vasculaires[90] de Peyriac-de-Mer, Aude[91] (voir Fig. 13): nom de possesseur κανικωνε[92] gravé sur deux skyphoi. Écriture banale, sans autre singularité qu'un bizarre oméga (hapax).

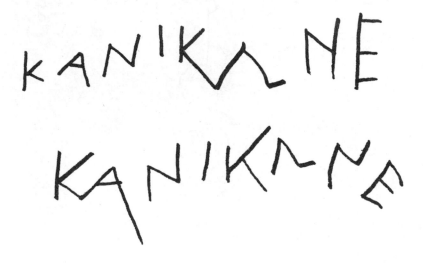

Fig. 13
Graffites vasculaires à Peyriac-de-Mer (nom de possesseur κανικωνε)

---

[90] Publication: Lejeune 1977, p. 119-120.

[91] Au voisinage immédiat de l'oppidum ibère de Pech-Maho (site B.7 d'Untermann); cf. n. 88.

[92] Pour le nom, cf. désormais *MLH* IIIᴵ. Cet anthroponyme est, comme il est d'usage, fait de la juxtaposition de deux formants; on retrouve ailleurs *kani* (p. 225; un exemple à Pech-Maho) et *kon* (p. 227).

84 MICHEL LEJEUNE

b) Tablette de plomb[93] d'Elne, Pyrénées-Orientales[94] (voir Fig. 14). L'écriture grecque (en l'espèce, de tracé cursif) n'intervient ici que par la médiation de l'écriture gallo-grecque[95], comme le prouvent la graphie ου pour u et u̥ et la graphie θθ pour une affriquée ou sifflante forte sourde.

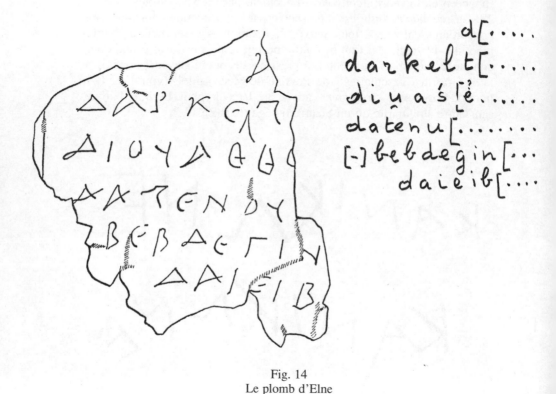

Fig. 14
Le plomb d'Elne

---

[93] Publication: Lejeune 1960, p. 62-79. Document de nature incertaine (lettre ??), mutilé à droite; il était marginé à gauche; nous avons les débuts de six lignes (la première commençant en net retrait, la dernière en moindre retrait). Graphie continue.

[94] Antique Iliberris (site B.9 d'Untermann, lequel mentionne le plomb en *MLH* II, p. 379).

[95] Sur quoi cf. Lejeune 1985, p. 441-446.

ABRÉVIATIONS BIBLIOGRAPHIQUES

Actes 1981 Cortone: *Modes de contacts et processus de transformation dans les sociétés antiques*, 1983 (Rome).

Actes 1989 Liège: *Phoinikeia grammata*, 1991 (Namur).

Actes 1980 Lisbonne: *Actas del III Coloquio sobre lenguas y culturas paleohispánicas*, 1985 (Salamanque).

Actes 1974 Salamanque: *Actas del I Coloquio sobre lenguas y culturas prerromanas de la Peninsula Ibérica*, 1976 (Salamanque).

Actes 1985 Vitoria: *Studia Palaeohispanica* (= *Veleia* 2-3), 1987 (Vitoria).

BELTRÁN, TOVAR 1982: *Contrebia Belaisca* I (Saragosse).

BRIXHE 1982: *BSL* 77, p. 209-249.

BRIXHE 1991: *Actes 1989 Liège*, p. 313-356.

Celtiberica: voir LEJEUNE 1955.

CORREA 1985: *Actes 1980 Lisbonne*, p. 377-395.

CORREA 1989: *Estudios sobre Urso*, 1989 (Séville), p. 281-302.

CORREA 1990: *Arqueologia hoje* I, 1990 (Faro), p. 132-143.

DESBORDES 1990: *Idées romaines sur l'écriture* (Lille).

GÓMEZ-MORENO 1922: *RFEsp* 9, p. 341-366 (= 1949, p. 219-231).

GÓMEZ-MORENO 1949: *Misceláneas* I (Madrid).

GÓMEZ-MORENO 1962: *La escritura bastulo-turdetana, primitiva Hispánica* (Madrid).

DE HOZ 1976: *Actes 1974 Salamanque*, p. 227-317.

DE HOZ 1983: *AIΩN* 5, p. 27-63.

DE HOZ 1985: *Actes 1980 Lisbonne*, p. 423-464.

DE HOZ 1986: *Aula Orientalis* 4, p. 73-84.

DE HOZ 1987: *Actes 1985 Vitoria*, p. 285-298.

DE HOZ 1991: *Actes 1989 Liège*, p. 669-682.

LEJEUNE 1955: *Celtiberica* (Salamanque).

LEJEUNE 1960: *REA* 62, p. 62-79.

LEJEUNE 1963: *REA* 65, p. 5-32.

LEJEUNE 1971: *Lepontica* (Paris)

LEJEUNE 1972: *Phonétique historique du mycénien et du grec ancien* (Paris).

LEJEUNE 1974: *CRAI* 1973, p. 622-647.

LEJEUNE 1977: *EC* 15-1, p. 119-120.

LEJEUNE 1983[a]: *RPh* 57, p. 7-12.

LEJEUNE 1983[b]: *Actes 1981 Cortone*, p. 731-753.

LEJEUNE 1985[a]: *AIΩN* 5 (1983), p. 11-27.

LEJEUNE 1985[b]: *Recueil des inscriptions gauloises*, I (Paris).

LEJEUNE 1990: Lejeune, Pouilloux, Solier, *RAN* 21 (1988), p. 19-59.

MALUQUER DE MOTES 1968: *Epigrafía prelatina de la Península ibérica* (Barcelone).

Mélanges Mitxelena: *Symbolae Ludovico Mitxelena septuagenario oblatae*, 1985 (Vitoria)

Mélanges Tovar: *Navicula Tubingensis, Studia in honorem Antonio Tovar*, 1984 (Tübingen)

MLH: UNTERMANN, *Monumenta linguarum hispanicarum* (Wiesbaden), I^I et I^{II} 1975, II 1980, III^I et III^{II} 1990.

SANTIAGO 1987: Sanmarti, Santiago, *ZPE* 68, p. 119-127.

SCHMOLL 1960: *KZ* 76, p. 280-295.

SCHMOLL 1962: *M. Mitt.* 3, p. 85-100.

TOVAR 1951: *Minos* 1, p. 61-70.

TOVAR 1952: *APL* 3, p. 257-262.

TOVAR 1955: *Zephyrus* 6, p. 279-283.

TOVAR 1961: *Zephyrus* 12, p. 187-196.

TOVAR 1967: *EC* 11-2, p. 237-268.

TOVAR 1985: *Mélanges Mitxelena* I, p. 463-468.

UNTERMANN 1962: *Emerita* 30, p. 281-294.

UNTERMANN 1984: *Mélanges Tovar*, p. 377-389.

UNTERMANN : voir aussi *MLH*.

WAGNER 1991: *Actes 1989 Liège*, p. 683-689.

TABLE DES MATIÈRES

IMPRIMERIE ORIENTALISTE, KLEIN DALENSTRAAT 42, B-3020 WINKSELE-HERENT